?

Andreas Sator

ALLES GUT?!

**Unangenehme Fragen &
optimistische Antworten
für eine gerechtere Welt**

Für meine Eltern. Ich liebe euch über alles.

www.kremayr-scheriau.at

ISBN 978-3-218-01181-5
Copyright © 2019 by Verlag Kremayr & Scheriau GmbH & Co. KG, Wien
Alle Rechte vorbehalten
Schutzumschlaggestaltung: Sheila Ehm
Lektorat: Paul Maercker
Satz und typografische Gestaltung: Matthias Schmidt
Druck und Bindung: Finidr, Ceský Tešín

Inhalt

Einleitung

Ich habe alles. Einen Job, den ich mag und von dem ich gut leben kann. Eine schöne Wohnung in Wien, einer der lebenswertesten Städte der Welt. Mit dem Rad sind es nur ein paar Minuten zu meinem liebsten Kaffeehaus, in dem mir die Kellner*innen Suppe servieren. Gleich daneben eine Bücherei, für ein paar Euro im Jahr kann ich dort so viele Bücher lesen, wie ich möchte. Fahre ich ein bisschen weiter, bin ich im Grünen, in einem Park, in dem die Menschen ihre Hunde spazieren führen und Eltern ihren Kleinen beim Spielen zusehen. Es gibt unzählige Kinos, gutes Essen, viele schöne Lokale. Wenn ich nachts weggehe, muss ich mir am Heimweg keine Sorgen machen. Wenn ich krank werde, kümmert sich die Ärztin um mich. Wenn ich meinen Job verliere, fängt mich das AMS auf.

Ich habe alles. Sicherheit. Gute Infrastruktur. Die Chance auf Bildung. Ein soziales Netz und einen Rechtsstaat. Nicht alles ist perfekt, Probleme gibt es zur Genüge. Wäre ich eine Frau, hätte ich es schwerer. Wäre ich nicht weiß, noch viel schwerer. Ich verdiene weniger als der/die typische Österreicher*in, kann aber gut leben. Natürlich gibt es auch Armut, aber das Leben hier ist für die meisten Menschen gut und besser, als es für ihre Eltern einmal war. Meine Eltern haben beide keine Matura, ich habe studiert. Die meisten Menschen hier können etwas aus ihrem Leben machen.

601 Millionen Menschen auf der Welt leben in extremer Armut. Sie haben eigentlich nicht genug, um zu überleben, die meisten schaffen es irgendwie doch. Aber nur irgendwie: Sie gehen hungrig schlafen, werden krank und haben Angst um ihre Kinder. 601 Millionen. Das ist, als würde ich mich in Wien in einen Zug durch halb Europa nach Istanbul setzen, weiter nach Russland

fahren, über Weißrussland und das Baltikum nach Skandinavien, zurück über Hamburg, Brüssel und Paris, weiter in den Süden nach Lissabon, Madrid und über die Alpen Italiens wieder nach Österreich und wenn wir uns jetzt vorstellen, alle Menschen, die in all diesen Ländern wohnen, die ich durchquert habe, sind extrem arm und nagen am Hungertuch – dann kommen wir in etwa auf 601 Millionen.

601 Millionen Menschen auf der Welt leben in extremer Armut. Sie haben keine Chance auf ein gutes Leben. Stellen wir uns nur eine einzige Mutter vor, die ihr Baby verliert, das Leid, die Trauer, die sie spüren muss. Den Schmerz, den das verursacht, für Vater, Geschwister, Bekannte, nicht nur für einen Moment, sondern für immer, denn ganz geht das – glaube ich – nie weg. Das passiert alle acht Sekunden. Alle acht Sekunden stirbt statistisch ein Kleinkind, das seinen ersten Geburtstag noch nicht erlebt hat.[1] Nicht nur Kinder sterben, sondern Menschen werden umgebracht, es gibt Kriege und Konflikte, viele haben überhaupt keine Chance, irgendetwas aus ihrem Leben zu machen. Dass es noch immer so viel Armut gibt, sorgt für wahnsinniges Leid, jeden Tag, das können wir uns gar nicht vorstellen. Und dass wir uns das gar nicht vorstellen können, ist vielleicht auch gut. Denn wer von uns könnte sein Leben leben, wenn wir auch nur kurz mit einem Bruchteil dieser Menschen mitleiden würden?

Was kann ich tun? Als ich vor neun Jahren nach Wien gezogen bin, habe ich überlegt, später einmal in die Entwicklungshilfe zu gehen. In ein ärmeres Land zu ziehen und vor Ort zu helfen. Das ist doch die wichtigste Sache der Welt: Wie können wir ärmeren Menschen in ärmeren Ländern helfen? Mit 19 war das, zugegeben, eine große Frage, aber an Selbstbewusstsein mangelte es mir nie. Jetzt studiere ich erst einmal, dachte ich mir damals und schrieb mich auf der Uni für Ökonomie und Internationale Entwicklung ein, jetzt verstehe ich erst einmal, warum die Welt so aussieht, wie sie aussieht. Dann mache ich mir Gedanken darüber, wie ich sie retten kann. Ich habe studiert und debattiert und nachgedacht und geschrieben. Eine endgültige Antwort auf meine Frage fand ich nie. Das Schreiben aber machte mir Spaß. Ich merkte, dass ich das kann, also habe ich mehr geschrieben und es zu meinem Beruf gemacht. Heute bin ich Journalist und ich bin es für mein Leben gerne. Und das mit dem Weltretten? Irgendwann habe ich begonnen, einfach mein Leben zu leben, im schönen Wien, auf meiner Couch, mit Freund*innen, gutem Essen und tollen Büchern, in den Parks und Cafés, weil es bequemer ist, sich nicht zu viele Gedanken zu machen. Weil die Welt viel zu kompliziert ist und weil ich nicht wusste, was ich denn hier und jetzt, bitte, schon ändern sollte. Irgendwann habe ich dann beschlossen, dass es das nicht sein kann. Es war der Moment, in dem ich mich dazu entschlossen habe, dieses Buch zu schreiben. Ich wollte verstehen, wie die Welt so wurde, wie sie heute ist. Warum wir so unendlich reich sind und andere so unfassbar arm. Ich wollte erfahren, ob ich etwas tun kann, und wenn ja, was ich tun kann, damit sich das ändert.

Also machte ich mich auf die Suche nach einer Antwort auf die wichtigste Frage der Welt. Ich habe mit Expert*innen gesprochen, Studien und Bücher verschlungen, das Internet leergelesen und unzählige Handy-Akkus leertelefoniert. Das Ergebnis meiner Recherchereise hältst du in deinen Händen.

Bevor es losgeht, noch zwei Einschränkungen. Erstens: Ich habe bis auf ein halbes Jahr in Süd- und ein halbes Jahr in Nordamerika mein ganzes Leben in Europa verbracht. Das schränkt meinen Blick notgedrungen ein. Für ein Buch, das über die Lebensumstände von Menschen in extremer Armut aufklärt, empfehle ich »Der Hunger« vom argentinischen Schriftsteller Martín Caparrós, ein großartiges Werk. Dieses Buch ist ein äußerst analytisches. Jedes Buch zum Thema Armut auf der Welt muss eine Antwort auf die berechtigte Frage finden, warum es noch ein weiteres dazu braucht. Ich versuche, eine Lücke zu schließen, die andere Bücher über globale Ungleichheit häufig offen lassen: Manche sind fachlich fundiert, aber schwierig zu lesen. Die anderen sind verständlich geschrieben, ignorieren aber dafür häufig die wissenschaftliche Literatur. Ich versuche, die Brücke zwischen den beiden zu schlagen.

Zweitens: Ich bin studierter Ökonom. Die Weltsicht, die ich mir so angeeignet habe, prägt mich. Ich versuche, seit ich denken kann, zu hinterfragen, was mir aufgetischt wird. Aber dieses Buch ist trotzdem und aufgrund der Fragestellung ein »ökonomisches« geworden. Das heißt, ich habe wirtschaftliche Phänomene genauer betrachtet als andere. Ich hätte es auch mit größerem Augenmerk auf politische Konflikte und Entwicklungen schreiben können oder auf soziale Dynamiken, die das Zusammenleben einfach oder schwer machen.

Das Buch gibt den Stand meines Wissens und der Forschung im Juli 2019 wieder. Ich hoffe, dass ich es in einigen Jahren anders schreiben würde. Denn sonst wäre ich auf meinem Wissensstand von heute verharrt und auch die zahlreichen Forscher*innen hätten nichts Neues dazugelernt und alte, als plausibel erachtete Erkenntnisse nicht wieder verworfen.

Wer Belege für die getätigten Aussagen sucht, wird bei den Anmerkungen am Ende des Buches fündig. Dort ist für jede einzelne Seite belegt, auf welche Quellen ich mich stütze. Wer lieber online nachschaut, findet auf www.a-sator.at/buch alle Verweise auf Studien oder Bücher mit einem Link.

Ich wünsche eine spannende Lektüre.

Der Leser hüte sich vor meiner lebhaften Parteinahme, meinen Fehlern in der Darstellung der Fakten und der Verzerrung, die unausweichlich dadurch verursacht wird, dass ich nur eine Ecke des Geschehens gesehen habe.
— George Orwell in »Mein Katalonien«

1. Beim Einkaufen die Welt retten? Es ist kompliziert

Wenn das T-Shirt bei H&M fünf oder zehn Euro kostet, fühlst du dich dann schlecht? Ich mich bislang nicht wirklich. Ja, die Bilder sind schrecklich, und Rana Plaza habe ich bis heute im Kopf – mehr als 1100 Menschen sind 2013 beim Einsturz von Textilfabriken in Bangladesch gestorben. Aber so übel die Jobs auf uns hier in Österreich auch wirken mögen, zumindest schaffen Fabriken für die Menschen dort Arbeit. Sie sind eine zusätzliche Option vor Ort. Vielen Menschen bieten sie die Chance, der extremen Armut zu entkommen. Zumindest habe ich mir das bisher eingeredet. Gibt es dafür eigentlich irgendwelche Belege? Sorgen Konzerne, die in armen Ländern produzieren, dafür, dass sich die Situation mit der Zeit bessert? 2017 wurden Ergebnisse einer Studie präsentiert, die meine These zumindest anzweifeln.[2] Zwei Ökonomen der University of Chicago und der Oxford University haben sich obige Frage gestellt. In einem Experiment in Äthiopien, einem der ärmsten Länder der Welt, wo gerade mit viel Geld aus dem Ausland, vor allem aus China, Fabriken entstehen, haben sie tausend Bewerber*innen ein Jahr lang begleitet. Ihre Annahmen waren ähnlich wie meine: Die Jobs sind schlecht, aber immerhin Jobs. In einem Land mit wenig Perspektiven würde die Nachfrage nach den neuen Jobs riesig sein. Zu ihrer Überraschung kündigte die Mehrheit binnen weniger Monate. Sie gingen zurück auf den Bau oder verkauften Kleinigkeiten am Markt. Dazu kommt: Die Jobs in den Fabriken brachten nicht mehr Geld ein als die sonstigen und waren noch dazu gefährlicher. Übrig blieb in der Fabrik nur ein Drittel der Menschen. Jene, die sonst nichts fanden.

Was heißt das für mich? Ausländische Fabriken, in denen meine Kleidung entsteht, verbessern nicht automatisch das Leben der Menschen. Die Jobs in den Fabriken sind unbeliebt. Für die, die keine anderen Optionen haben, schaffen sie in einem der ärmsten Länder der Welt aber immerhin ein kleines Einkommen. Wenn Fabriken keine Wunderwaffe im Hier und Jetzt sind – verbessern sie dann zumindest auf längere Sicht die Lage in diesen Ländern? Ich schaue in meinen Kasten, nehme eine Jogginghose heraus. »Made in Bangladesh« steht da – kein Zufall, das Land ist mittlerweile zum zweitgrößten Exporteur von Kleidung nach China aufgestiegen.[3] Fast alles, was Bangladesch ins Ausland verkauft, sind T-Shirts, Pullover und Socken. H&M lässt dort in unzähligen Fabriken produzieren. Wenn meine Nachfrage also gut für die Welt ist, dann muss sich das in Bangladesch zeigen. Tut es das? Wie sich gleich herausstellen wird: Ja.

Yale-Ökonom Mushfiq Mobarak, er ist in Bangladesch aufgewachsen, hat genau dazu geforscht. Seine Studie legt nahe, dass der Textilsektor das Leben von Frauen im Land fundamental zum Besseren verändert hat.[4] Fast alle der vier Millionen Menschen, die in den Fabriken arbeiten, sind nämlich Frauen. Ihre Lebenserwartung ist seit 1990 um 16 Jahre gestiegen. In Österreich in derselben Zeit nur um vier Jahre. Das hat viele Gründe, aber der Textilsektor hat daran allem Anschein nach einen Anteil. Denn das Leben jener Menschen, die in der Nähe von Fabriken wohnen, hat sich besonders verbessert. Mädchen heiraten laut Mobarak später und bleiben länger in der Schule. Früher sei die Schule nicht so wichtig gewesen. Heute bekämen jene, die gut lesen, schreiben und rechnen können, bessere Jobs – in den Fabriken. Weil sich aus heutiger Sicht die Schule später auch einmal finanziell auszahlt. Bangladesch ist nicht nur wegen seines Textilsektors interessant, sondern insgesamt seit einiger Zeit ein kleines Wunder der Entwicklung. Schon bevor die großen Konzerne dort für das Ausland produzieren ließen, hat sich viel zum Besseren verändert, obwohl das kaum jemand erwartet hatte. Das Land ist noch keine 50 Jahre unabhängig,

	Bangladesch	Indien	Vietnam	Indonesien
1990	58	58	71	63
2017	73	69	76	69

Tab. 1: Lebenserwartung bei der Geburt in Jahren (in Ländern mit Textilindustrie)

bis dahin war es eine der ärmsten Regionen Pakistans, eines an und für sich schon ziemlich armen Landes.[5] Wahiduddin Mahmud, ein Ökonom aus der Hauptstadt Dhaka, schreibt, dass NGOs im Land besonders wichtige Arbeit geleistet haben.[6] In den 1980ern war nur ein Prozent der Bevölkerung geimpft, innerhalb von zehn Jahren waren es über 70 Prozent, Unicef nannte das »beinahe ein Wunder«.[7] Die NGO BRAC verteilte kleine Salz-Zucker-Drinks, die man bei Durchfall zu sich nehmen sollte. Die sorgen dafür, dass man nicht dehydriert. 1980 starb noch eines von fünf Kindern, bevor es fünf Jahre alt wurde, und zwar oft, weil sie der Durchfall so schwächte, heute nur mehr eines von 30. Ein Rückgang der Sterblichkeit um 84 Prozent. Sie ist noch immer viel zu hoch. Denn in Österreich stirbt nur ein Kind von 300 vor dem fünften Geburtstag. Aber die Entwicklung ist erstaunlich und schnell. Auch kleine Kredite für arme Menschen, die keinen Zugang zu Banken hatten, haben geholfen. Die mittlerweile berühmte Grameen Bank von Friedensnobelpreisträger Muhammad Yunus nahm dort ihren Ausgang. All die Arbeit von engagierten Menschen hat gemeinsam mit schlauer Politik dafür gesorgt, dass sich die Lage in Bangladesch so stark verbessert. Heute ist das Land in die Weltmärkte integriert, und die Fabriken, in denen meine Kleidung hergestellt wird, machen es möglich, dass die Armut noch stärker zurückgeht, denn sie bringen Geld und Wissen ins Land. Dass der Textilsektor in der Entwicklung hilft, wie der Ökonom Mushfiq Mobarak in seiner Studie bilanziert, ist keine skurrile These eines Außenseiters, seine Studie fügt sich in viele andere Arbeiten ein, die gemeinsam ein positives Bild zeichnen. Menschen finden nicht nur Arbeit, in

Südasien verdienen sie im urbanen Textilsektor auch mehr als mit Arbeit auf dem Land. Mit der Zeit haben Menschen die Chance, bessere Jobs zu finden. Lokale Firmen profitieren außerdem vom ausländischen Know-how.[8]

Ist dann also alles gut? Nicht ganz. Das Leben mit Fabriken scheint laut Mobarak besser zu sein als ohne. Das heiße aber nicht, dass man als Einzelperson im Westen nichts tun könne. Firmen hätten wenige Anreize, in bessere Standards zu investieren. Zwar seien die Fabriken in Bangladesch heute deutlich sicherer als vor dem Einsturz von Rana Plaza – damit aber nicht tausend Menschen sterben müssen, damit sich etwas ändert, müssten Konsumenten wachsam sein. »Überlegen Sie, ein bisschen mehr Geld für bessere Kleidung zu bezahlen«, rät mir Mobarak. »Üben Sie Druck auf Firmen aus, bei denen Sie einkaufen, oder kaufen Sie Kleidung, die unter gewissen Standards produziert wurde.«[9] Aber was ist bessere Kleidung, und wo kriegt man sie? Bei welchen Firmen kann ich einkaufen, wenn ich mich nicht damit abfinden will, dass sich die Lage eh dann irgendwann einmal langsam ein bisschen bessert?

Was ist bessere Kleidung?

Ich mache mich auf die Suche. Egal bei welchem Hersteller, auf der jeweiligen Homepage wird man schnell fündig. Die vielen Skandale, Proteste und Unfälle der Vergangenheit sorgen dafür, dass es sich kaum eine Marke leisten kann, sich nicht damit zu befassen. So findet man bei Zara-Mutter Inditex Regeln für Zulieferer, auch Levi Strauss und H&M erklären sich. Aber ist das vertrauenswürdig? Glaube ich dem Bäcker, wenn er mir sagt, er verkauft die besten Semmeln der Welt? Lieber nicht. Die Clean Clothes Campaign hilft weiter, eine NGO mit einigem Einfluss, die sich seit Langem für bessere Bedingungen in der Industrie einsetzt. Sie fordert die Unternehmen dazu auf, ihre Zulieferer offenzulegen. Die großen Textilfirmen lagern die Produktion großteils aus. Wer nicht preisgibt, wo Fabriken stehen, wird dafür schon seine Gründe haben. Und siehe da: Zara ist verschwiegen, H&M hingegen sehr offen. Auch Levi Strauss, C&A, Nike oder Adidas sind transparenter, kik, Ralph Lauren oder Mango dagegen gar nicht.[10] Gut zu wissen. Vor vier Jahren hat die NGO Firmen darauf untersucht, wie sehr diese darauf achten, ob Mitarbeiter*innen bei Lieferanten von ihrem Lohn leben können. Ich habe etwa schon ältere Laufschuhe von New Balance, einer US-Firma, die sehr schlecht abschneidet – und einmal per Mail nachgefragt, warum das so ist.

Ich habe also erste Hinweise, aber das reicht noch lange nicht. Ich will mehr wissen und rufe Nunu Kaller an. Sie ist Konsumentensprecherin bei Greenpeace. Worauf soll ich beim Einkaufen achten? Auf die Umwelt, sagt sie. Ein Viertel der weltweiten Insektizide lande auf Baumwolle. Wenn Stoffe gefärbt würden, beim Spinnen, beim Bedrucken, bei allem, was mit Wasser zu tun hat, sei der Einsatz von Chemikalien irre. Greenpeace hat deshalb die sogenannte Detox-Kampagne gestartet. 76 Modemarken haben sich dazu verpflichtet, bestimmte Chemikalien nicht mehr einzusetzen.

Bis 2020 läuft die Maßnahme, online kann man nachsehen, wie weit die Firmen mit der Umsetzung sind. Nike ist hintennach. Weil ich viele Sportsachen von Nike besitze, habe ich die Firma auf Twitter gefragt, warum das so ist. H&M und Zara sind beispielsweise Vorreiter.

Aber: Die beiden Konzerne treiben die sogenannte »Fast Fashion« führend an. Darunter versteht man, dass Läden Kollektionen ständig erneuern, rasch auf Trends auf- und wieder abspringen. Erstens, sagt Kaller, erhöhe das den Druck auf die Menschen in den Fabriken, zweitens sei das mitverantwortlich für den steigenden Einsatz von Polyester. 60 Prozent der Kleidung würden schon aus Polyester hergestellt, mit Baumwolle könne man nicht so schnell produzieren. »Das große Problem damit ist – außer, dass es schlicht Erdöl ist – das Waschen«, so

Kaller. »Dabei lösen sich Fasern. Mikroplastik landet in Flüssen und im Meer, es baut sich nicht ab, sondern wird immer kleiner und kleiner, landet in Fischen und auch in unserem Darm.« Was also tun? Grundsätzlich rate sie allen, sich bei Einkäufen gut zu überlegen, ob man das wirklich brauche, ob es passe. Secondhand sei aus ökologischer Sicht das Beste. Und je länger man etwas trage, desto besser.

Secondhand? Ich weiß nicht. Ich kaufe selten Kleidung, und wenn, dann möchte ich nicht lange stöbern, sondern es schnell hinter mich bringen. Dazu kommt, dass viele ärmere Menschen davon leben, neue Kleidung herzustellen. Ich sehe aber schon: gute Firmen zu finden ist kompliziert. Zara verrät mir nicht, wo Fabriken stehen, ist aber beim Detox-Ranking von Greenpeace vorne dabei. H&M ist transparent, sorgt aber mit seinen häufigen Kollektionswechseln genau wie Zara dafür, dass Umwelt und Menschen leiden. Hm. Ist es etwa unter dem Strich eh »gehupft wie gehatscht«? Nicht, wenn man Konstantin Wacker von der Uni Groningen glaubt. Konzerne, die unter Druck kommen wie H&M oder Nike, könnten es sich laut Wacker nicht leisten wegzusehen. Wer einen Ruf zu verlieren habe, der habe eher im Auge, unter welchen Bedingungen produziert wird.[11] Für kik gelte das zum Beispiel nicht. »Das ist ein bisschen wie beim Fleisch. Wenn Sie beim Diskonter einkaufen, können Sie sich vorstellen, wie das produziert wurde.« Studien von Chikako Oka von der University of London legen nahe, dass Massen- und große Sportmarken mehr darauf achtgeben, unter welchen Bedingungen produziert wird. Ich weiß jetzt ein wenig mehr, mir wird aber schon ein bisschen schwindelig. Elke Schüßler leitet das Institut für Organisation an der Kepler-Uni in Linz und forscht seit Jahren zu der Frage, wie sich die sozialen und ökologischen Bedingungen in der Textilindustrie bessern lassen. Kann sie mir eine klare Antwort geben? Ich nehme es vorweg: Nein.

Schüßler bestätigt, dass Markenfirmen unter höherem Druck stehen und mehr unternehmen, ob das allerdings tatsächlich etwas bringe, sei sehr schwierig zu sagen. Luxusmarken machen auf dem Papier mehr als Diskonter. Das sage aber noch nicht viel darüber aus, was in den Fabriken passiert. Unternehmen wie Aldi oder Lidl zahlen zwar sehr niedrige Stückpreise, aber weil sie beispielsweise ein paar Millionen weiße T-Shirts am Stück bestellen, mache das die Planung einfacher und für Arbeiter*innen berechenbarer. Unternehmen aus dem »Fast fashion«-Segment wie H&M oder Zara hingegen würden oft kurzfristig auch kompliziertere Teile in großen Mengen nachbestellen, was für die Arbeiter*innen auf nicht geplante lange Arbeitszeiten hinauslaufe. Das sehe man laut Schüßler dem Preis oder dem Teil aber nicht an. Ob Diskonter schlechter als andere seien? Das könne man nicht sagen. Ohne die Lieferketten, das Geschäftsmodell und die Einkaufspraktiken der Unternehmen zu kennen, lasse sich sehr wenig darüber sagen, was bestimmte Maßnahmen am Ende für die Arbeiterinnen heißen würden. Der Preis an sich sage nichts darüber aus. Teuer heiße nicht gut. Die Website »rank a brand« kann behilflich sein. Dort kann man Markennamen eingeben und erhält eine mehr oder weniger aussagekräftige Übersicht. Nike erhält ein »C«, also quasi eine »3« im amerikanischen Notensystem. Und jetzt? Kann ich also unter dem Strich gar nichts machen? »Doch«, meint Schüßler, »erzeugen Sie Druck. Die Unternehmen sagen, die Kunden wollen einfach den niedrigsten Preis. Sagen Sie ihnen, dass das nicht so ist. Den Druck aufrechtzuerhalten ist der größte Beitrag, den man leisten kann. Fragen Sie, wo das produziert wurde! Wo findet man Informationen? Wenn die ein Unternehmen nicht geben kann, dann sagen Sie ihm, ich kaufe das nicht.«

Das ist auch der Tipp von Nunu Kaller von Greenpeace: »Fragen Sie im Laden nach! Wenn einer das macht, vergisst es die Verkäuferin wieder. Wenn mehrere kommen, leitet sie das irgendwann weiter.« Es ist nicht sehr befriedigend, aber am Ende bleibt mir nur das: nachfragen, nerven, Infos fordern. Per E-Mail, auf Twitter oder Instagram, und in Läden. Positiv stimmt mich eine Studie, die nahelegt, dass Proteste im Textilsektor in den 1990ern tatsächlich zu höheren Löhnen in Indonesien führten.[12] Manche Firmen legen mehr Wert darauf als andere, nach der Faustregel: Je bekannter sie sind und je mehr öffentliche Aufmerksamkeit sie bekommen, desto eher tun sie etwas für bessere Bedingungen für Mensch und Umwelt. So oder so: Ich will sie wissen lassen, dass mir nicht egal ist, wie sie produzieren. Vielleicht gibt es aber noch eine andere Möglichkeit. Meine Interviewpartner*innen erzählen mir von »fairer Mode«. Kann ich einen Beitrag leisten, indem ich für ethisch »gute« Marken mehr Geld auf den Tisch lege?

Dann probieren wir das mal

Ein paar Tage später, früher Abend, auf der Mariahilfer Straße in Wien. In einer Stunde machen die Geschäfte zu, ich habe eigentlich keine Zeit und auch keine Lust, eine Hose brauche ich jetzt aber trotzdem. Eine Bekannte hat mir Turek empfohlen. Dort gebe es ein eigenes Eck mit explizit fair hergestellter Kleidung. Eigentlich muss ich schon weiter, aber ich schaue am Weg schnell rein, probiere eine, eine zweite, der Schnitt gefällt mir, sie sitzt. 140 Euro! Ich schaue mich um, die anderen sind noch teurer. Viel zu viel, denke ich mir – sonst kaufe ich meistens Billigware bei H&M oder Zara. Ich mache es trotzdem. Bananen kaufen wir auch mit dem Fairtrade-Siegel, warum also nicht auch Kleidung?

Ich bin konsequent, denke ich mir und fühle mich gut, bin aber auch unsicher, wie klug das gerade war. Mittlerweile ist eine gar nicht so kleine Gegenbewegung in der Textilindustrie entstanden. In Linz findet jedes Jahr im Herbst die Messe »Wear Fair« statt, die laut Eigenangabe zuletzt 14.000 Menschen besuchten. 100 faire Modefirmen stellten aus. Ich spreche mit Stefan Robbrecht-Roller, sein Job ist es, die Firmen für die Messe abzuklopfen. Wie weiß er, wer fair produziert? Ich habe zuvor schon viel gelesen, aber von der Vielzahl an Zertifikaten und Labels wurde mir schwindelig. Laut Robbrecht-Roller sagen viele Modefirmen von sich, sie setzen sich ein. Man könne aber danach aussieben, wer sich extern prüfen lasse und wer nicht. Auf siegelklarheit.de, einem Projekt der deutschen Bundesregierung, könne man das nachprüfen. Ein wichtiges Zertifikat, nach dem man Ausschau halten kann, ist GOTS (Global Organic Textile Standard). Da seien die Standards sehr hoch, man habe faire Arbeitsbedingungen vom Anbau bis zur Verarbeitung. Viele Kleidungsfirmen, die es mit Nachhaltigkeit ernst nehmen, nehmen diese Zertifizierung. Die wichtigste Frage für Robbrecht-Roller ist, ob Gewerkschaften eingebunden werden. Vier Zertifikate seien zur Orientierung gut: Da wäre neben GOTS einmal IVN Best, beide befassen sich mit ökologischen und sozialen Standards und vielen Schritten der Herstellung von Kleidung. Kleinere sind das EU-Ecolabel, das sich nur auf ökologische Aspekte konzentriert, und Fair Trade Cotton, das sich auf die Kontrolle der Herkunft der Baumwolle beschränkt. Letztendlich ist es laut Robbrecht-Roller kein lückenloses System, ein besseres gibt es aber (noch) nicht. Jacinta FitzGerald, eine Beraterin für faire Mode, empfiehlt mir noch Cradle To Cradle (C2C), das verlässlich und verbreitet ist. Das gibt es übrigens auch bei C&A zu kaufen. Ein Leser hat mich per Mail darauf hingewiesen, dass er auch bei Spar, Hofer und Tchibo immer wieder GOTS-Kleidung finde, vor allem Socken und Unterwäsche. Ich habe also ein paar Zertifikate im Kopf, die Expert*innen gut finden. Damit kann ich arbeiten. Die Hose, die ich gekauft habe, ist von Nudie Jeans, sie trägt das GOTS-Siegel. Immerhin. Ich gehe zu einem kleinen, schicken Laden in der Kirchengasse mitten in Wiens Bobo-Bezirk Neubau. Das Label sagt von sich, dass es nur faire Mode verkauft. Ich gehe die Stiege hinauf, sehe eine sehr schöne Kapuzenweste, mein erster Blick gehört dem Preisschild – 150 Euro! –, dann dem Etikett: »Gewebt in Götzis, Vorarlberg, bedruckt in Ungarn«. Ich gehe weiter, die T-Shirts kosten bis zu 40 Euro, ein Pullover 80 Euro, »Peta approved« steht darauf, wo und wie er hergestellt wurde, nicht. Ich frage nach. »All unsere Kleidung wird in Europa produziert«, sagt mir eine Verkäuferin. »Wir wollen keine menschenunwürdige Produktion.« Ich schlucke. Schon wieder. Seit ich mich mit dem Thema befasse, fällt mir das immer wieder auf. Zuerst las ich in einem Magazin von einem Label, das wegen der schlechten Arbeitsbedingungen in ärmeren Ländern nur mehr in Europa produzieren lässt. Fashion-Blogger*innen empfehlen lokal produzierte Ware, die deutsche Marke Trigema produziert nur in Deutschland und ist stolz darauf. Kann das der Sinn der Sache sein, frage ich mich und verlasse den Laden. Für ärmere Länder ist der Textilsektor – wie wir bereits erfahren haben – der perfekte Einstieg in die Industrialisierung. Das war in China so, das ist in Bangladesch, in Kambodscha und in Sri Lanka so, und wie wir im nächsten Kapitel sehen werden, war das auch in Österreich so. Viele der Arbeiten sind relativ einfach, entscheidend sind niedrige Löhne – oft der einzige Vorteil dieser Länder im internationalen Wettbewerb. Am Beispiel Bangladesch ist der positive Effekt, den ausländische Nachfrage hat, gut dokumentiert. Auch in anderen Ländern der Region, in denen viel Kleidung produziert wird, wird das Leben immer besser.

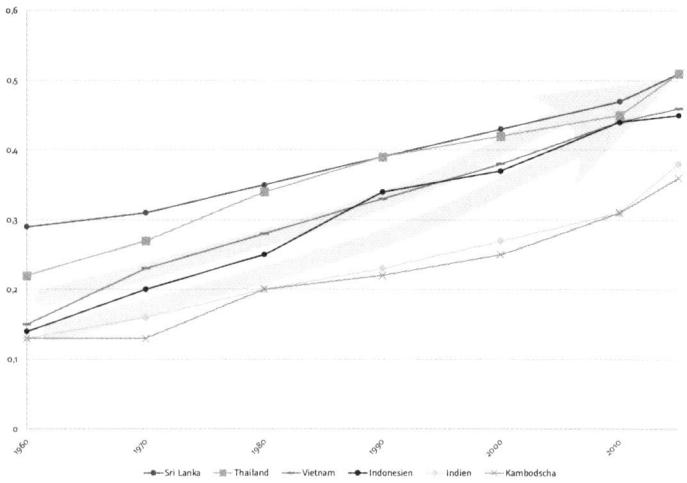

Abb. 1:   Entwicklung des Human Development Index (berechnet aus Bildung, Gesundheit und Einkommen) in Sri Lanka, Thailand, Vietnam, Indonesien, Indien und Kambodscha von 1960 bis heute (Quelle: Our World in Data)

Wenn ich jetzt zum Beispiel keine Kleidung mehr kaufe, die in Bangladesch hergestellt wurde, geht es den Arbeiter*innen dann besser? Wohl kaum. Sie haben dann gar keinen Job mehr oder nehmen einen anderen an, der vielleicht noch schlechter ist. Ich suche faire Mode, die in ärmeren Ländern produziert wird. Dass das gar nicht so einfach ist, habe ich in den vergangenen Wochen gelernt. Zwar finde ich in anderen Läden – Green Ground, online im Avocadostore – erschwinglichere Kleidung und kaufe sie auch. Ein T-Shirt für 20 Euro, eines für 30, einen verbilligten Hoodie für 35.

Bei Green Ground kaufe ich eine Hose für 109 Euro, das finde ich okay, zwei T-Shirts für 30 Euro, auch damit kann ich leben, eine Boxershort für 20 Euro, was mir viel zu teuer ist, ich brauche eigentlich mehrere, es ist die einzige in meiner Größe. Bei H&M hätte ich dafür vier bekommen – und sie wären auch lagernd gewesen. Nicht immer ist ersichtlich, wo sie produziert wurden. Nicht immer finde ich die Zertifikate, nach denen ich Ausschau halte. Manchmal google ich kurz, bin dann oft auch nicht viel schlauer. Bewusst einkaufen ist mühsam, ich nehme die Kleidung dann trotzdem, weil ich mich nicht noch dreimal auf den Weg machen möchte, und frage mich, ob das jetzt irgendetwas gebracht hat oder ich gerade viel Geld nur für ein gutes Gewissen ausgegeben habe.

Was sagt Stefan Robbrecht-Roller dazu? Ist es schwierig, faire Mode aus ärmeren Ländern zu finden? »Ich habe auch den Eindruck, dass viele versuchen, näher bei ihren Absatzmärkten zu produzieren«, sagt er. Es lasse sich besser kontrollieren. Dazu komme das Umweltargument: »Bei Made in Europe sind die Transportwege kürzer. Aber ja, natürlich brauchen auch ärmere Länder Jobs und eine Wirtschaft, es ist eine schwierige Diskussion. Die Logik der fairen Modefirmen ist: Das Öko-Argument zieht immer besser als das soziale.«

Ich seufze und denke nach. Immer gut einzukaufen – für mich heißt das: faire Kleidung aus ärmeren Ländern – erscheint mir unmöglich. Was kann ich also tun? Mir Mühe geben, darauf achten, in bestimmte Geschäfte gehen, nach dem GOTS-Zertifikat suchen, dort nicht immer finden, was ich brauche, und wenn ich in Mainstream-Läden einkaufe, kundtun, dass mir nicht egal ist, wie sie produzieren. Auch Robbrecht-Roller sagt, er finde nicht immer genau das, was er gerade brauche. Auf der Wear Fair hat man vor einigen Jahren eine Umfrage gemacht, die meisten gaben an, nicht mehr als 20 bis 25 Prozent faire Kleidung zu schaffen, sagt er. Das Wichtigste ist, sich Gedanken zu machen, so bewusst wie möglich zu handeln – und sich von den schnell wechselnden Trends der großen Ketten nicht zu wöchentlichen Shopping-Trips verleiten zu lassen. Damit kann ich leben. Ethischer Konsum ist schwierig, ganz ehrlich, er nervt auch ein bisschen – und ja, nicht jede/r kann ihn sich leisten. Darüber nachzudenken, wo und wie Dinge produziert werden, ist aber lehrreich. Wer möchte, kann so einen Beitrag leisten. Ich werde jedenfalls versuchen, künftig so gut wie möglich einzukaufen. Ist dann alles gut? Nein, sicher nicht, aber vielleicht wird es ein kleines bisschen besser.

Und die Politik?

»Jeder Einkauf ist im Prinzip wie wählen gehen. Mit meinem Griff zum richtigen T-Shirt oder zur richtigen Tomate entscheide ich mit, wie die Welt aussieht, wie Menschen leben und arbeiten und ob die Umwelt verschmutzt wird.« In etwa so hört man das immer wieder von Aktivist*innen. Beim Einkaufen nicht nur Semmeln und Klopapier mitzunehmen, sondern nebenbei auch gleich noch die Welt zu retten, wäre ja wirklich ein Traum, aber so einfach ist das leider nicht. Was nicht heißt, dass ich nicht trotzdem Impulse setzen kann. So bin ich etwa den Menschen, die seit Jahren beim Kleidungskauf auf soziale und ökologische Kriterien achten, sehr dankbar. Denn sie sind der Grund, warum es schon größere Läden und Online-Shops gibt, in denen ich fair einkaufen kann. Irgendwann dringen diese Siegel vielleicht in der Masse in die großen Läden. Vielleicht aber auch nicht. Am Ende des Tages ist immer die Politik gefragt. Was könnte sie tun?

Die Sozialwissenschaftlerin Alice Evans hat eine Idee: Machen wir doch Gesetze, die Unternehmen dazu verpflichten, in ihrer ganzen Lieferkette auf Arbeitsstandards zu achten. Verantwortlich sind dann nicht mehr wir, wenn wir einkaufen. Sondern die Firma, die sich nicht an Gesetze hält. Passiert zum Beispiel etwas bei einem Zulieferer in Bangladesch, ist das Unternehmen auch in Österreich haftbar. Es gebe Firmen, die die Verantwortung auf ärmere Länder abschieben würden, sagt Evans. Diese sollten einfach die Gesetze verschärfen. Aber gleichzeitig würden die Firmen mit ihrem Preisdruck – jeder Cent entscheidet – dafür sorgen, dass ein Wettbewerb nach unten stattfinde. »Jetzt ist es so, dass unsere Firmen von jedem Land der Welt Güter zukaufen können. Alle gehen derzeit nach Myanmar, weil es extrem niedrige Löhne hat«, so Evans. »Gleichzeitig findet dort ein Genozid statt, die Bevölkerung wird unterdrückt und die Arbeitsstandards sind extrem schwach.« Die Regierungen ärmerer Länder hätten durch den enormen Preisdruck der Unternehmen derzeit den Anreiz, Arbeiter*innen zu unterdrücken. »Wenn ein Land Gewerkschaften unterdrückt und die Leute nicht auf der Straße demonstrieren lässt, sorgt es dafür, dass das nächste Land ihm das nachmacht.« In Bangladesch seien im Jänner 2019 10.000 Textilarbeiter*innen auf die Straße gegangen und dafür mit Gummigeschossen und Tränengas attackiert worden. Denn Gewerkschaften fordern höhere Löhne und das schwächt die Länder im Wettbewerb. Wenn es aber solche Gesetze in reichen Ländern geben würde, wäre der Vorteil dahin. Dann würden nicht mehr nur die niedrigen Löhne, sondern auch akzeptable Standards ausländische Konzerne anziehen. Westliche Konzerne sagen aber immer wieder, dass es nicht möglich sei, jeden einzelnen Zulieferer zu kontrollieren. Wenn eine Firma 1000 Zulieferer hat, stimmt das wohl. Die Lösung dieses Problems wäre, einfach langfristige Beziehungen mit weniger Firmen aufzubauen, sagt Evans. Und genau das hat Nike getan, weil sie vorher offenbar keine Ahnung hatten, wie eigentlich ihre T-Shirts produziert wurden. Indonesien, das Gewerkschaften akzeptiert und höhere Standards hat, wird momentan dafür bestraft. »Wären Firmen verantwortlich für das, was in ihrer Lieferkette passiert, würde das für die Regierung in Bangladesch den Anreiz senken, grundlegende Sozialstandards zu unterdrücken.« Aber würden sich die Unternehmen dann nicht vielleicht zurückziehen? Der Ökonom Mushfiq Mobarak hält so ein Gesetz für sinnvoll, sagt aber, es dürfe nicht zu weit gehen. Wenn man in Bangladesch französische Arbeitsstandards vorschreibe, würden französische Firmen dort nicht mehr produzieren lassen. Evans sagt, viele Firmen würden solche Gesetze sogar begrüßen. In Finnland habe sich die Regierung für so ein Gesetz ausgesprochen, das sei von Konzernen unterstützt worden.

In Deutschland haben sich etwa der Diskonter kik und Auto-Produzent Daimler für so ein Gesetz ausgesprochen, das der Entwicklungsminister Gerd Müller zuvor vorgeschlagen hat.[13] Alice Evans sagt, es gebe einige Firmen, die Zeit und Geld investiert hätten, damit sie verantwortungsvoller produzieren. Wenn dubiose Konkurrenten sich nicht an Standards halten, haben sie ohne eine gesetzliche Regelung im Moment einen Vorteil. Wer also auf Umwelt und Arbeiter*innen achtgibt, hat rein ökonomisch einen Nachteil. Das ist genau der falsche Weg. Denn am Ende des Tages müssen Firmen Geld verdienen. In Österreich wollte der SPÖ-Abgeordnete Alois Stöger im Juli 2018 einen Antrag für so ein Gesetz im Parlament einbringen.[14] Das »Sozialverantwortungsgesetz« hätte Firmen und Importeure im Textilsektor dazu verpflichtet, keine Produkte auf den heimischen Markt zu bringen, die gegen das Zwangs- und Kinderarbeitsverbot verstoßen. Weil ÖVP, FPÖ und Neos den Fristsetzungsantrag ablehnten, ist darüber im Parlament aber nicht abgestimmt worden.

Wohin mit der alten Kleidung?

Ich weiß jetzt also, wie ich besser Kleidung kaufen kann und habe auch eine Idee, was politisch helfen könnte. Was mache ich aber mit alten Shirts, dir mir nicht mehr gefallen? Oder mit meinen Hosen, die mir nicht mehr passen? Immer wieder habe ich davon gehört: Kleidung, die ich in Container auf der Straße werfe, richte mehr Leid an, als sie Gutes tue. Kritische Dokus, Artikel – die Kleiderspenden vernichten angeblich Jobs in Teilen Afrikas – ich wusste nie, was ich davon halten soll. Was dazu führte, dass ich zwei Säcke voll Kleidung zwei Jahre lang bei mir im Bad stehen ließ. Bis sie mich nervten und ich sie dann doch in einen Container warf. War das ein Fehler?

Fangen wir ganz von vorne an. In Österreich kommen im Jahr bis zu 100.000 Tonnen Altkleider zusammen, schätzt man beim Textilverwerter Öpula, sie landen in Containern, Secondhandshops oder direkt bei karitativen Einrichtungen.[15] Zum Beispiel beim Roten Kreuz, der Caritas, Humana oder Kolping. Zum Vergleich: Etwa 170.000 Tonnen werden im Jahr neu gekauft.[16] Wo geht die gesammelte Kleidung hin? Die Caritas verkauft die Kleidung in ihren Carla-Shops, gibt sie an Bedürftige weiter oder muss sie aufgrund des Zustands zum Teil auch entsorgen. Gut die Hälfte wird ins Ausland verkauft. »Die riesigen Mengen, die wir und andere bekommen, kann man unmöglich nur in Europa absetzen«, sagt Elisabeth Mimra, die in Wien für die Carla-Läden zuständig ist. Wo man sie abgibt, ist dabei egal: Was nicht gebraucht wird, aber noch verwendbar ist, wird verkauft. Das Rote Kreuz und Kolping machen es ähnlich. Ein Teil geht an Hilfsbedürftige in Österreich, der größere Teil wird recycelt, zu Putzlappen oder Dämmmaterial, oder geht als Secondhand-Kleidung ins Ausland. Humana verkauft in den eigenen Shops in Europa, in den globalen Süden geht laut Eigenauskunft derzeit nichts. Mit Humana ist das aber so eine Sache. Das Magazin »Datum« zeigte vor einigen Jahren Verbindungen zur dänischen Sekte Tvind auf. Deren Gründer Mogens Amdi Peterson wird nach wie vor per internationalem Haftbefehl gesucht. Der »Guardian« nennt Humana eine der merkwürdigsten NGOs der Welt.[17] Das Deutsche Zentralinstitut für Soziale Fragen nennt Humana »intransparent und unglaubwürdig«.[18]

Ich habe Humana mit den Vorwürfen konfrontiert. Als Antwort kam lediglich ein Verweis auf den Jahresbericht der Organisation. Ich spende meine Kleidung also sicher nicht bei Humana, aber darum soll es hier nicht gehen. Sondern darum: Viele geben ihre Kleidung in Container und denken an Obdachlose oder Arme. Tatsächlich wird aber sehr viel davon schlicht und einfach verkauft. Das Geld bleibt dann zum Beispiel bei der Caritas oder beim Roten Kreuz, ist quasi indirekt eine Spende für die Organisation. Das ist nichts Schlechtes, die Kleidung verliert man aber aus den Augen. Dabei wird es jetzt erst interessant. Was dann nämlich passiert, hat Andrew Brooks vom King's College in London am Beispiel einer Bluse, die in England gespendet wurde, erklärt. Die Geschichte stammt aus seinem Buch »Clothing Poverty«. So ähnlich läuft das auch mit meinen Hosen ab:

Die Bluse landet mit viel anderer Kleidung in einem Sortierzentrum. Dort kommt sie mit anderen Blusen in einen großen Sack, meist hat er 45 Kilo, das ist standardisiert. Ein paar hundert dieser Säcke werden auf ein Containerschiff verladen – und landen im konkreten Fall in Beira, Mosambik. Dort liegt die Bluse eine Woche beim Zoll im Hafen, bis sie auf einen Truck kommt. Über die Straße wird die Bluse nach Chipata in Sambia gebracht. Dort wartet Khalid schon auf die neue Ware, er ist ein indischer Großhändler, der im Jahr 20 solche Containerladungen aufkauft und dann an kleine Händler*innen weiterverkauft. Unsere Bluse landet bei Mary, einer sambischen Verkäuferin, sie kauft immer einen ganzen Sack, reinschauen kann sie erst danach. Manchmal hat sie Glück, manchmal Pech. Am Ende landet unsere Bluse auf dem Markt in Chipata, wahrscheinlich wird sie jemand kaufen, der relativ arm ist, die gebrauchte Kleidung ist billiger als die, die man sonst bekommt.

Statt Abfall wird aus meiner Kleidung über einen Container also eine Spende an eine karitative Einrichtung. Menschen mit wenig Geld kommen so günstiger an Kleidung. Wo ist also das Problem?

Einiges spricht dafür, dass Kleiderspenden zumindest einen kleinen Anteil am Niedergang von Afrikas Textilindustrie haben. Südafrika hat noch den größten Textilsektor des Kontinents, auch wenn er in den vergangenen zehn Jahren um mehr als die Hälfte eingebrochen ist, sagt Gerhardus van Zyl von der Universität Johannesburg. »Der Textilsektor ist massiv unter Druck«, meint der Wissenschafter, »das liegt vor allem an billigen Importen aus Thailand, Indien oder China. Aber auch Kleiderspenden tragen dazu bei.« Und das, obwohl viele Länder, inklusive Südafrika, den Import der alten Kleidung aus dem Westen entweder mit hohen Zöllen belegen oder ganz untersagt haben. Oft wird die Ware dann einfach ins Land geschmuggelt. Die Industrie in Südafrika sei nicht so produktiv wie die in Asien, sagt van Zyl, die Maschinen seien veraltet und es werde nicht viel investiert. Auch wenn es um die Industrie nicht gut stehe, würde sich die Politik sehr um sie bemühen. Denn ein Textilsektor ist für die wirtschaftliche Entwicklung nützlich. Laut van Zyl gilt es, die restlichen Jobs zu schützen, daher werde die europäische Secondhand-Kleidung in afrikanischen Ländern nicht sehr positiv gesehen. Auch eine von der WTO publizierte Studie kam zu dem Ergebnis, dass die Importe der Industrie in Malawi geschadet haben,[19] eine Arbeit der University of Toronto macht sie für fast die Hälfte des Rückgangs der Produktion zwischen 1981 und 2000 in ganz Afrika verantwortlich.[20] Soll man also alte Kleidung lieber nicht in die Container werfen?

Da sind sich nicht alle einig. Laut Yale-Ökonom Mushfiq Mobarak würde Afrika unter dem Strich davon profitieren. Denn: Für die Menschen vor Ort gebe es mehr Auswahl und billigere Kleidung. In Ländern, in denen extreme Armut grassiert, sei das wichtig. Wenn afrikanische Länder im Jahr 2019 Jobs in der Textilindustrie wollen, konkurrieren sie nicht mit Kleiderspenden, sondern mit effizienten Firmen Südostasiens. Bangladesch habe vor 50 Jahren quasi null Textilindustrie gehabt, heute sei es der zweitgrößte Produzent von Kleidung auf der Welt. Die Nachfrage von Menschen in Bangladesch selbst spiele dabei keine Rolle. Alle Firmen, die es heute gebe, würden sich nach dem Weltmarkt richten. Von den alten, die für den lokalen Markt produziert hätten, seien keine mehr übrig.

Das heißt also: Wenn ein afrikanisches Land nachhaltig Jobs schaffen will, reicht es nicht, wenn Firmen Kleidung an die eigene, meist sehr arme Bevölkerung verkaufen. Nur dann wäre der Import von gebrauchter Kleidung schädlich. Subsahara-Afrika zeichnet derzeit aber nur für ein halbes Prozent der weltweiten Textilexporte verantwortlich.[21] Sind Kleiderspenden dann also unbedenklich, die Jobs ohnehin weg und künftige nur mit Blick auf den Weltmarkt zu kreieren? Wenn jemand meine Gedanken ordnen kann, dann Karen Tranberg Hansen. Sie ist Anthropologin an der Northwestern University in Illinois und hat sich so ausführlich wie kaum jemand mit dem Thema befasst. Ist es okay, wenn NGOs unsere alte Kleidung in arme Länder verkaufen?

Sie hat einen erfrischend pragmatischen Zugang. Die Schuldigen seien sicher nicht die NGOs. Wenn jemand verantwortlich sei, sagt Tranberg Hansen, dann wir alle, die wir immer mehr und immer billigere Kleidung kaufen möchten. Am Ende muss man irgendetwas mit dem Zeug machen. Denn es auf die Mülldeponie zu werfen ist keine Alternative.

Expert*innen seien sich nicht ganz einig, sagt sie. Sie hält es aber für total okay, Kleidung in Container von NGOs zu werfen. Wenn es keine Secondhand-Kleidung mehr in ärmeren Ländern gäbe, hätte die lokale Industrie wenig davon. Wer aber jetzt schon etwas davon habe, seien Menschen, die sie günstig kaufen können. Und der Handel mit der importierten Altkleidung aus dem Ausland schaffe zusätzlich Jobs.

Ich muss also kein schlechtes Gewissen haben, wenn ich meine alte Kleidung in Container werfe – und sie künftig nicht mehr jahrelang im Bad stehen lassen. Die Herstellung von Kleidung ist aber nicht nur im Hier und Jetzt interessant – sondern auch historisch. Denn der Textilsektor ist einer der Bereiche, in denen der Wohlstand einiger Länder der Welt seinen Anfang genommen hat. Auch in Österreich. Darauf werfe ich im nächsten Kapitel einen Blick.

Was ich gelernt habe

+ Kleidung nicht aus ärmeren Ländern zu kaufen, weil die Jobs dort schlecht sind, ist kontraproduktiv. Fast alle ärmeren Länder versuchen, sich in internationalen Lieferketten zu positionieren und Güter und Dienstleistungen an reichere Menschen wie uns zu verkaufen. Globalisierung hilft vielen.

+ Wenn ich fair und ökologisch produzierte Kleidung kaufe, kann ich Signale an Firmen senden, dass sie besser auf Soziales und Umwelt achten sollen. Auch die Politik im Westen kann mit Gesetzen nachhelfen.

Wie du dich weiter informieren kannst

i Du kannst dir die Netflix-Doku »The True Cost« anschauen, sie ist toll gemacht, aber einseitig (weil sie den positiven Effekt der Industrie vernachlässigt). Das gilt auch für »Clothing Poverty«, ein Buch von Andrew Brooks, das eine Übersicht über Mode- und Secondhand-Industrie liefert, aber ebenfalls einseitig bleibt.

Was du machen kannst

☞ Frag in Geschäften nach, wie die Hersteller produzieren. Du kannst auch Mails schreiben, öffentlich wirksamer sind Facebook-Posts oder Tweets. Wenn du Wert auf die Umwelt legst, kannst du Secondhand kaufen. Etwa auf kleiderkreisel.at.

☞ Probier mal die App »Siegelklarheit« aus und teile sie mit Freund*innen.

☞ Frag Politiker*innen der Parteien, die du magst (oder nicht magst), was sie konkret für bessere globale Arbeitsbedingungen zu tun gedenken.

2. Ich habe eine Idee:
Wie Österreich reich wurde

Warum gibt es noch immer Armut? Wer etwas gegen extreme Armut tun möchte, muss zuerst eine Antwort auf diese wichtigste Frage der Welt finden. Warum leben wir im Überfluss, während andere ums Überleben kämpfen? Diese Frage treibt mich seit Ewigkeiten um. Heute kann ich eine plausible Antwort darauf geben, gestützt auf Forschung der letzten 20 Jahre. Die Ergebnisse sind nicht in Stein gemeißelt. Immer wieder werden Erkenntnisse auch verworfen. Gemeinsam zeichnen diese Studien aus der Ökonomie, Geschichte, Politikwissenschaft, Geografie und Biologie aber ein Bild, das in seiner Grundaussage immer klarer wird.

Tu felix Austria

Fangen wir vor unserer eigenen Haustür an, um zu verstehen, warum es noch immer Armut gibt. Mit der Geschichte des Kolonialismus beschäftige ich mich am Ende dieses Kapitels und dann im folgenden. Auch in Österreich war Armut, wie überall auf der Welt, die längste Zeit der Normalzustand. Eine Hungersnot ist heute völlig undenkbar, aber die letzte war erst in den 1840ern.[22] Der Webstuhl verbreitete sich damals, Weber*innen verloren in Massen ihre Arbeit, gleichzeitig gab es Missernten und viele Menschen verhungerten. Das ist schon eine Weile her, aber der Urgroßvater deines Großvaters könnte da schon gelebt haben. Aber es brauchte gar keine Hungersnöte, um Elend in den Alltag zu bringen, auch in besseren Zeiten mussten Eltern damals damit leben, dass sie fast jedes zweite ihrer Kinder vor seinem fünften Geburtstag begraben mussten. Von Gewerkschaften oder Kollektivverträgen war noch lange keine Rede und der heutige Achtstundentag war ein 16-Stundentag. Österreich war noch keine Demokratie, die Habsburger unterdrückten das Volk. Erst seit 1907 dürfen alle Männer wählen, seit 1918 auch Frauen. Zuvor durfte nur wählen, wer genug Steuern zahlte: die Reichen.

Wie ist Österreich dann zu dem reichen Land geworden, das es heute ist, in dem nicht mehr fast jedes zweite Kind vor seinem fünften Geburtstag stirbt, sondern weniger als drei von tausend? Eine weitverbreitete Erklärung unter Österreicher*innen ist die: Wir sind einfach ein fleißiges Volk. Wir arbeiten von früh bis spät, sparen, sind ordentlich. Es musste also so kommen. Wir schaffen einfach mehr als die anderen, so brachte es ein Freund einmal auf den Punkt. Man brauche ja nur im Urlaub schauen: Lasse man sein Auto in Kroatien reparieren, dauere das viel länger als in Österreich. Die Wände im Urlaubsressort seien auch nicht richtig verputzt und die Sesselleiste schief. So in etwa sehen das, glaube ich, viele Österreicher*innen. Und sie haben mit einer Sache auch recht: Wir schaffen mehr als die meisten Menschen in den meisten Ländern dieser Welt.

Eine abstraktere Definition von »etwas schaffen« ist »Produktivität«. Die drückt aus, wie viel pro Maschine oder pro Arbeitsstunde erwirtschaftet wird. In Österreich schaffen wir tatsächlich viel mehr als anderswo und das ist auch wirklich die Grundlage unseres Wohlstands. Die Organisation für wirtschaftliche Zusammenarbeit und Entwicklung (OECD), eine Industriestaatenorganisation, sagt, dass wir circa doppelt so viel schaffen wie die Menschen in Kroatien.[23] Die Produktivität ist also doppelt so hoch. Nimmt man Malawi her, eines der ärmsten Länder der Welt im südlichen Afrika, ist das noch viel drastischer: Wir schaffen 20-mal so viel wie die Menschen in Malawi.[24] Sind wir also doppelt so fleißig wie die Kroat*innen und 20-mal so fleißig wie die Leute in Malawi? Der Ökonom Mancur Olsen schrieb dazu Folgendes:[25]

Wenn dem so wäre, und Menschen in manchen Ländern einfach härter arbeiten oder bessere Unternehmer*innen sind, dann gibt es ja exzellente natürliche Experimente, um das zu prüfen. Denn immer wieder ziehen Menschen von einem Land ins andere.

Wer wenig schafft, bekommt in der Regel auch nur einen niedrigen Lohn. Nehmen wir zwei Migranten her, die in die USA ziehen. Einen aus Haiti, einem der ärmsten Länder der Welt, und einen aus Westdeutschland. Olson zitiert nämlich eine Arbeit von 1980, damals war Deutschland noch getrennt und Westdeutschland eines der reichsten Länder der Welt. Deutschland war zehnmal so reich wie Haiti. Heißt, dass die Menschen in Deutschland im Schnitt zehnmal so viel verdient haben wie die in Haiti. Wenn jetzt ein Haitianer und ein Deutscher in die USA kommen, müsste Letzterer nach der Logik des Fleißes auch zehnmal mehr verdienen. Er ist ja fleißiger und bringt der Firma demnach mehr Geld. Das passierte aber nicht. Die Auswanderung veränderte das Verhältnis stark. Die Statistiken zeigen, dass Deutsche in den USA etwa $18.900 im Jahr verdienten, Menschen aus Haiti $10.900. Ja, noch immer ein großer Unterschied, aber der Deutsche verdiente nicht einmal doppelt so viel. Dass er mehr verdiente, überrascht nicht, denn natürlich sind die Menschen in einem reicheren Land besser gebildet, haben bessere Schulen und Universitäten, und finden sich in einem anderen reichen Land, das dem eigenen ähnelt, besser zurecht. Aber die Haitianer*innen scheinen trotz schlechterer Bildung in einem anderen Land Unternehmen zu finden, die ihnen wesentlich mehr zahlen als zuhause. Die tun das natürlich nur, wenn die Menschen auch etwas schaffen, denn wir wissen: Kaum einer hat etwas zu verschenken.

Irgendetwas führt also in Haiti dazu, dass die Produktivität sehr niedrig ist, die Menschen weniger schaffen, daher extrem niedrige Einkommen haben und deshalb auch extrem arm sind. Sie sind nicht faul, aber irgendetwas funktioniert nicht so gut wie etwa in Österreich. Über dieses »Irgendetwas« werden wir in diesem Buch noch ausführlich sprechen. Wenn sie in ein anderes Land gehen, verdienen Menschen aus Haiti noch immer weniger als etwa US-Amerikaner*innen, aber wesentlich mehr als zuhause. Das Märchen von Fleiß und Faulheit, das heute noch gerne erzählt wird, wurde in der Vergangenheit auch schon über Menschen in Japan, China oder Indien erzählt.[26] Japaner*innen wurden um 1870 Einstellungen nachgesagt, mit denen ein Land nie wohlhabend werden könne. Heute ist Japan eines der reichsten Länder der Welt, wir fahren mit Toyotas durch die Gegend, schauen Filme in Sony-Geräten und fotografieren mit Canon-Kameras. Auch über China, das in unfassbarem Tempo wirtschaftlich zum Westen aufholt, wurden die falschen Werte für die wirtschaftliche Entwicklung des Landes beklagt. Selbiges gilt für Indien, wo gerade hunderte Millionen Menschen aus der Armut heraustreten. Noch ein Beispiel gefällig? 94 Prozent der Menschen in Ghana meinen in Umfragen, Arbeit sei ihnen im Leben sehr wichtig – dasselbe sagen aber nur 39 Prozent der Deutschen.[27] Die Menschen in ärmeren Ländern arbeiten in Wahrheit sehr oft viel länger und härter als wir, weil sie es sonst nicht über die Runden schaffen würden. Wenn es aber nicht der Fleiß ist, der uns reich macht – was ist es dann?

Weiter, weiter, immer weiter

Blicken wir zuerst auf eine faszinierende Statistik. Dass die Menschen in einem Land immer mehr schaffen, lässt sich auch am Wirtschaftswachstum ablesen. Dass in Österreich heute keine Hungersnöte mehr wüten und fast alle Menschen gut leben können, hängt stark damit zusammen, dass die Wirtschaft hier seit 200 Jahren im Durchschnitt jedes Jahr um zwei Prozent wächst. Das Wirtschaftswachstum hängt nicht nur, aber vor allem daran, dass ein Land mehr schafft.

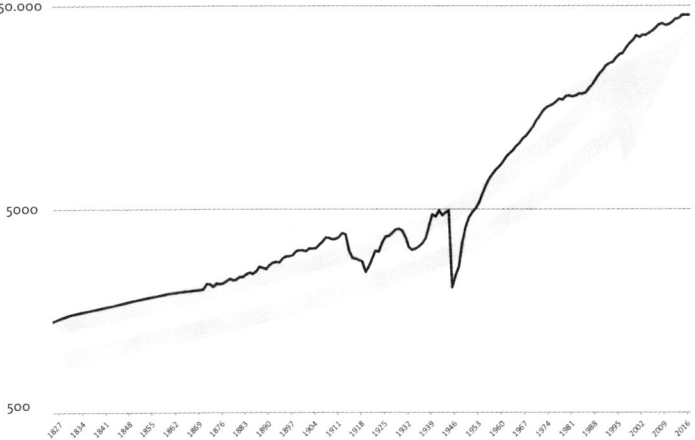

50.000

5000

500

1827 1834 1841 1848 1855 1862 1869 1876 1883 1890 1897 1904 1911 1918 1925 1932 1939 1946 1953 1960 1967 1974 1981 1988 1995 2002 2009 2016

Abb. 2:   BIP pro Kopf in Österreich von 1820 bis 2016 (Quelle: Angus Maddison)

Dass die Wirtschaft wächst (oder nicht), liest man ja jeden zweiten Tag in der Zeitung, aber was heißt das überhaupt? Ein Beispiel.
Sagen wir, Hugo Autonarr baut sich eine Fabrik. Er zahlt eine Million für eine Halle inklusive Maschinen, stellt Mitarbeiter*innen
ein, die eine Million im Jahr kosten und kauft Teile zu, die noch
einmal eine Million kosten. In der Firma gibt es viele Ideen, wie
man aus den Materialien schöne und schnelle Autos baut und die
Maschinen werden so produktiv eingesetzt, dass Autonarr die
Wagen am Ende um fünf Millionen verkauft. Er hat also aus drei
Millionen fünf gemacht: Die Wirtschaft ist um zwei Millionen
gewachsen, es wurde Wert geschöpft, der vorher nicht da war.
Wenn Hugo mit seinen Mitarbeiter*innen jetzt Ideen hat, wie er
in kürzerer Zeit mehr oder billiger Autos bauen kann, dann erhöht
das das Wirtschaftswachstum weiter. Wenn sein Unternehmen
neue Produkte erfindet – etwa E-Scooter –, und die Menschen
Gefallen daran finden und sie kaufen, steigt das Wirtschaftswachstum. Wenn er einen Weg findet, günstiger einzukaufen
oder bessere Fließbänder einführt, wenn er das Management der
Firma auf schlankere Beine stellt oder durch schlaue Buchhaltung
entdeckt, wie er noch besser wirtschaften kann, dann wächst da-

durch die Wirtschaft. Wenn seine Mitarbeiter*innen besser gebildet sind und er mehr Maschinen kauft, dann erhöht das auch das Wachstum, weil man in der Firma mehr schafft, aber der mit Abstand wichtigste Faktor sind Ideen, für die Produktion, für neue Produkte, Prozesse, Abläufe und Arbeitsweisen. Dass wir in Österreich jedes Jahr mehr schaffen, liegt daran, dass so viele Menschen und Firmen mit ausländischen zusammenarbeiten und beobachten, was sich in ihrer Branche auf der Welt tut. Neue Methoden und Ideen werden dann gewöhnlich sehr schnell kopiert. Viele kleine Firmen sind außerdem Weltmarktführer in ihrer kleinen Nische und treiben die Ideen selbst voran. Für Großbritannien haben Ökonom*innen ausgerechnet, dass nur 13 Prozent des Wachstums auf Ideen aus dem eigenen Land zurückzuführen sind.[28] Das Land ist fast achtmal so groß wie Österreich, bei uns ist der Anteil also ziemlich sicher noch viel kleiner. Bevor wir dazu kommen, warum das mit der Übernahme von Ideen in Österreich im Gegensatz zu vielen anderen Ländern so gut klappt, möchte ich noch einen Begriff klären.

Oft ist von Entwicklungsländern die Rede, wenn man ärmere Länder meint. Ich mag den Begriff nicht sehr. Denn entwickelt zu sein heißt für den bedeutenden indischen Philosophen Amartya Sen, frei zu sein. Frei davon, Hunger zu leiden oder als Kind sterben zu müssen. Frei sein heißt, die Möglichkeit zu haben, das Leben zu führen, das man möchte, lesen, schreiben und rechnen zu können, sich politisch zu beteiligen und frei seine Meinung äußern zu können.[29] China ist zwar heute wesentlich reicher als vor 40 Jahren, aber wie entwickelt ist das Land wirklich? Die Menschen können dort nicht frei reden, wer ein falsches Wort über den Präsidenten Xi Jinping sagt, wird eingesperrt. Chines*innen können nicht frei entscheiden, wie viele Kinder sie bekommen. Und sie können auch nicht frei wählen, welche Politik sie möchten, denn es gibt in dem ganzen, großen Land mit mehr als 1,3 Milliarden Menschen nur eine einzige Partei. Das ist für mich bis heute die beste Definition dessen, was das Ziel aller Politik sein sollte: die Menschen frei zu machen und ihnen die Möglichkeit zu geben, das Leben zu führen, das sie gerne führen möchten. Sen definiert Armut also nicht als niedriges Einkommen, sondern als Mangel an Möglichkeiten. Dass ein Land reicher wird, ist nicht genug. Wenn nur wenige etwas davon haben oder die Bevölkerung unterdrückt wird, ist das Land nicht entwickelt. Österreich hatte zum Beispiel schon 100 Jahre Wirtschaftswachstum hinter sich, als erstmals alle Erwachsenen wählen durften – und selbst wenn alle Erwachsenen wählen dürfen, heißt das noch lange nicht, dass sie sich gleichrangig beteiligen können.

Folgt man Sens Definition, stellt sich die Frage, ob überhaupt irgendein Land der Welt entwickelt ist. Können sich in Österreich alle Menschen verwirklichen und das Leben führen, das sie gerne führen würden? Ist unsere Entwicklung abgeschlossen? Wohl kaum. Darum verwende ich den Begriff Entwicklungsland nicht gerne. Ich rede stattdessen immer wieder von Arm und Reich – und das hat einen Grund. Denn Wirtschaftswachstum ist im Kampf um Freiheiten nicht alles, aber enorm wichtig. Ohne wirtschaftliche Entwicklung ist es für die Menschen in einem Land nicht möglich, frei zu werden. Denn ein Land, das bitterarm ist, hat kein Geld für gute Schulen und Universitäten, die Menschen Rüstzeug für ein freies Leben in Würde geben, kein Geld für Straßen und Infrastruktur, für ordentliche Krankenhäuser und ausgebildete Ärzt*innen, die Kinder lebendig zur Welt bringen.

In einem bitterarmen Land haben die Menschen kaum Freizeit, weil sie Tag und Nacht arbeiten müssen, um genug zu essen zu haben. Wirtschaft ist also sicher nicht alles, aber ohne Wirtschaft ist alles nichts. Und die längste Zeit hat sich wirtschaftlich auf der Welt sehr wenig getan.

In der Zeit von Christi Geburt bis 1820 – immerhin sind in der Zeit das Christentum und der Islam entstanden, ist das Römische Reich untergegangen, haben die Europäer Amerika »entdeckt«, ist massiver Sklavenhandel entstanden, das Mittelalter zu Ende gegangen und haben die Französische Revolution und die Aufklärung eine neue Ära eingeläutet –, in all diesen Jahren ist die Wirtschaftsleistung im Westen pro Kopf von 600 Dollar auf 1.200 Dollar gestiegen. Das klingt vielleicht nach gar nicht so wenig, aber zum Vergleich haben heute, nur 200 Jahre später, die USA etwa 50.000 Dollar pro Kopf im Jahr zur Verfügung. Also gab es von Christi Geburt bis 1820 im Prinzip überhaupt keinen nennenswerten Anstieg des Lebensstandards. Der legendäre Ökonom John Maynard Keynes schreibt in einem Aufsatz, dass man quasi alles, was es im Jahr 1700 gab, auch schon tausende Jahre zuvor kannte.[30] Sprache, Feuer, dieselben Tiere, Weizen, Gerste, Wein und Oliven, Pflug, Rad, Ruder, Segel, Leder, Textilien, Ziegel und Töpfe, Gold und Silber, Zinn, Blei und Eisen kannte man schon 3000 Jahre vorher. Wenn man den Anstieg von 600 auf 1.200 Dollar nimmt, dann ist das pro Jahr ein Wachstum von 0,04 Prozent. Wenn du bei deiner Geburt 100 Euro auf ein Sparbuch mit so einem Zins legen und an deinem 100. Geburtstag wieder abheben würdest, dann hättest du 104 Euro. Kein so guter Deal. Lange hat das wirtschaftliche Leben auf der Welt also stagniert. Und damit auch auf dem Gebiet des heutigen Österreich. Irgendwann änderte sich das in ein paar Gebieten drastisch und schwappte dann auf einige, aber bei Weitem nicht alle Länder der Welt über. Auf Österreich erst einige Zeit später. Wer verstehen will, was da passierte, muss also weg von Österreich. Werfen wir einen Blick auf England.

Eine Frage des Vertrauens

Fangen wir mit einem Märchen an: Dornröschen. Ein König bekommt endlich eine Tochter: Dornröschen. Eine Fee, die ihm böse gesinnt ist, belegt sie mit einem Fluch. An ihrem fünfzehnten Geburtstag soll sie sich an einer Spindel stechen und sterben. Und tatsächlich sticht sich Dornröschen an besagtem Geburtstag an einer Spindel am Spinnrad einer alten Frau und fällt mit dem ganzen Hofstaat in einen tiefen Schlaf. Um das Schloss wachsen

100 Jahre lang Dornenhecken, bis irgendwann ein Prinz kommt und Dornröschen wachküsst.

In so einem tiefen Schlaf war auch die Wirtschaft in Europa, und weil es in diesem Kapitel um Wirtschaft geht, sehen wir uns das Spinnrad näher an. Das ist eine interessante, aber wahnsinnig rückständige Technologie. Über sehr lange Zeit musste Kleidung sehr aufwendig hergestellt werden. Erst wurde Baumwolle gepflanzt, dann geerntet, gewaschen, die buschigen Fasern kardiert, also quasi geordnet, und dann mit Spinnrädern zu Fäden verarbeitet, aus denen man schließlich Kleidung weben konnte. Das Spinnrad musste mühsam mit der Hand oder dem Fuß bedient werden. Das war nicht nur gefährlich, wie die Geschichte vom Dornröschen zeigt, sondern auch nicht sehr produktiv: So schaffte man nicht sehr viel. Im 17. Jahrhundert, als Dornröschen geschrieben wurde, war das Spinnrad schon viele Jahrhunderte verwendet worden, ohne dass es jemand groß weiterentwickelt hätte.

Bis James Hargreaves 1764 die »Spinning Jenny« erfand, die erste industrielle Spinnmaschine, auf der nicht nur eine Spindel platziert wurde, sondern zwölf, wenige Zeit später schon 24.[31] Hargreaves hatte jahrelang daran gearbeitet. Als die Leute davon erfuhren, brachen sie in sein Haus ein, zerstörten die Jenny und seine Einrichtung, weil sie vielen Menschen ihre Arbeit streitig machte. Hargreaves zog weg, aber auch in Brookside, seiner neuen Heimat, wurde er wieder von einem Mob attackiert und eine neu gebaute Jenny zerstört. Er zog wieder um und errichtete in Nottingham eine Mühle. Seine Erfindung wurde schnell kopiert und weiterentwickelt, 1775 gab es sie bereits in den USA, 1780 gab es schon Jennys mit 120 Spindeln. Die Jenny sorgte dafür, dass man viel mehr schaffte, war aber noch nicht revolutionär: Noch immer musste man das Spinnrad mit Muskelkraft bedienen. Aber das sollte nicht lange so bleiben. Nicht viel später wurde die »Water Frame« erfunden, eine Weiterentwicklung, die mit Wasserkraft angetrieben wurde. Sie war aber wesentlich teurer, darum setzte sich zunächst die Jenny durch. Dann folgte die »Spinning Mule«

(Mule ist Englisch für Maultier); sie wurde so genannt, weil sie wie das Maultier eine Kreuzung war, aber nicht aus Esel und Pferd, sondern eine Kreuzung aus Jenny und Water Frame. Die Mule konnte mit 1000 Spindeln gleichzeitig arbeiten.[32]

Wichtig für den Textilsektor war dann auch noch die Dampfmaschine. Zuerst wurde im 17. Jahrhundert entdeckt, dass man mit verdunstetem Wasser – also Dampf – so viel Druck erzeugen kann, dass sich damit ein Kolben in Bewegung setzen lässt. James Watt hat dann auf Basis von Erkenntnissen des Militärs eine Dampfmaschine gebaut, die eigentlich für den Abbau von Kohle vorgesehen war.[33] Sie wurde später auch im Textilbereich eingesetzt, man musste die Mühlen nun nicht mehr neben Flüsse bauen, weil sie eben auch mit Dampf angetrieben werden konnten. Der Historiker Edward Anthony Wrigley schreibt, dass erst durch die Dampfmaschine und die massenhafte Förderung von Kohle echter wirtschaftlicher Fortschritt eingeläutet worden sei.[34] Für Frankreich gibt es eine Berechnung, dass das Verbrennen von Kohle im Jahr 1880 die Muskelkraft von fast 100 Millionen Arbeiter*innen ersetzte. Dreimal so viel wie zu der Zeit Menschen in Frankreich lebten. Es wurden also in – menschheitsgeschichtlich gesehen – relativ kurzer Zeit ziemlich viele neue Sachen erfunden. Auch in der Landwirtschaft schaffte man nach und nach viel mehr und konnte mit weniger Aufwand mehr ernten. Auch die Eisenbahn kommt aus dieser Zeit. Ein britischer Techniker kombinierte alte mit neuen Ideen. Das Pferdefuhrwerk gab es schon lange. Es wurde teilweise auch auf Eisenschienen verwendet. Nun wurde es mit der Dampfmaschine kombiniert. 1825 wurden das erste Mal eine Handvoll Passagiere in etwa zwei Stunden 15 Kilometer weit transportiert. Ideen haben Sex, so nennt das der Autor Matt Ridley.[35] Selten werden Dinge völlig neu erfunden, sondern meistens fügt jemand bereits bekannte Ideen kreativ zusammen und daraus entstehen kleine neue Baby-Ideen, die irgendwann selbst wieder Kinder bekommen. In dieser Zeit fingen Ideen an, ziemlich viel Sex zu haben: Das ist bis heute die Grundlage für das weltweite Wirtschaftswachstum. Aber um bei Dornröschen zu bleiben: Wer war der Prinz, der die englische Wirtschaft zuvor aus ihrem langen Schlaf wachküsste?

Viel hatte sich in der Zeit zuvor geändert. Bevor es in der Wirtschaft zu einer Revolution kam, gab es zwei wichtige andere Revolutionen. Eine des Denkens und eine in der Politik. Die des Denkens ist die Aufklärung. »Habe Mut, dich deines eigenen Verstandes zu bedienen«.[36] Das bedeutete, sich nicht mehr einfach dem unterzuordnen, was Kirche, Kaiser oder König vorgaben, sondern selbst nachzudenken. Es war die Idee, dass es nicht nur ein Kollektiv, sondern auch ein Individuum gibt, das die Zustände nicht als gegeben akzeptiert. Das gilt auch als Anfang der modernen Wissenschaft. Für neue Ideen wurde man dann nicht mehr eingesperrt, so wie noch Galileo Galilei im 17. Jahrhundert für seine Entdeckung, dass sich die Erde um die Sonne dreht und nicht umgekehrt. Die Idee wurde zu dem, was sie heute ist, zum Grundstein des Fortschritts. Das war das Fundament für viele neue wissenschaftliche und technische Erkenntnisse. Ohne Aufklärung wären wohl viele der neuen Ideen unterdrückt worden oder gar nicht entstanden.[37]

Das ist also der erste Teil, hinterfragen, neu denken, an den Fortschritt glauben. Teil zwei: die Politik. Die wichtigste Revolution dort fand 1689 in England statt – Historiker*innen nennen sie die Glorreiche Revolution. Die »Bill of Rights« wurde verabschiedet und verankerte ein starkes Parlament im Staat. Der Willkür der Könige wurden Schranken gesetzt und die Meinungsfreiheit wurde stark ausgeweitet. Glorreich trifft es gut, denn das ist bis heute die Basis für die westliche Demokratie, und die Ideen dahinter schwappten auch in die heutigen USA über und nach Frankreich, wo die Revolution hundert Jahre später passierte. In ihrem Buch »Warum Nationen scheitern« schreiben Daron Acemoğlu und James Robinson, dass damals die ersten inklusiven politischen Institutionen der Welt entstanden sind, in denen die breite Masse, nicht mehr nur eine kleine Elite, etwas zu sagen hatte. Das war dann auch Grundlage für bessere Bedingungen für Wirtschaft und Erfindungen. Etwa wurden die Rechte für Eigentum wesentlich stärker.

Die beiden, zwei der einflussreichsten Denker in der Debatte um Arm und Reich, machen für diese politische Revolution indirekt den Kolonialismus verantwortlich. In der Zeit wurde nicht nur viel mit Baumwolle, Zucker und Tabak gehandelt, sondern auch mit Menschen: Millionen Sklav*innen wurden auf Plantagen in die Karibik und nach Nord- und Südamerika verkauft. Händler*innen verdienten sich damit eine goldene Nase. Dass sie reicher wurden, ließ auch ihren politischen Einfluss wachsen und schmälerte den der Krone immer mehr, was dann in Revolutionen mündete. Der Kolonialismus allein war aber kein ausschlaggebender Grund für eine Revolution, denn Spanien und Portugal etwa, die auch viele Kolonien hatten, stagnierten wirtschaftlich weiter vor sich hin, weil der Handel in der Hand der Krone, nicht der privater Händler*innen war.[38]

England war auch der erste Staat, der wirklich »funktionierte«. Es gab also eine Bürokratie, die Steuern eintreiben konnte. In den 100 Jahren nach der Glorreichen Revolution stiegen die Steuereinnahmen in England um das 15-Fache.[39] In der Zeit wurden ständig Kriege geführt, die viel Geld kosteten. Das wurde auch mit frisch aufgenommenen Schulden finanziert. Die Glorreiche Revolution machte es dem Staat einfacher, Geld von Finanzleuten zu bekommen. Denn weil der König durch das Parlament kontrolliert wurde, sah man die Gefahr als kleiner an, dass er die Schulden einfach nicht zurückbezahlte. Das war nicht nur in Kriegen nützlich, sondern auch für die Entwicklung von stärkeren Finanzmärkten. Der Kreis schloss sich, denn diese finanzierten dann wiederum neu entstehende Industriefirmen.[40]

Neben der politischen und intellektuellen Revolution fehlt uns noch ein wichtiges Puzzleteil zum Verständnis der Entwicklung damals, das liefert der israelisch-amerikanische Historiker Joel Mokyr.[41] Es geht um Vertrauen und Kooperation.[42,43] Eine Grundfrage wirtschaftlicher Entwicklung ist nämlich die: Warum sollte ich Menschen, die ich nicht kenne und wahrscheinlich nicht mehr wiedersehe, nicht einfach betrügen? Etwa wenn ich auf einem Markt von jemandem etwas kaufe oder mir Geld leihe. Vor vielen tausend Jahren war die Welt noch übersichtlicher, alle Menschen waren Jäger*innen und Sammler*innen. Sie lebten in kleinen Gruppen, aus denen an manchen Orten mit der Zeit größere wurden, Städte und Staaten entstanden. In kleinen Gruppen ist es noch möglich, dass ich alle Menschen halbwegs kenne, in riesigen Staaten nicht mehr. Denken wir an Menschenschlangen. Wenn sich alle in eine Reihe stellen, geht es am schnellsten. Der/die Einzelne hat aber den Anreiz, sich vorzudrängeln. So würde Chaos entstehen, wahrscheinlich auch Streit, und das Ganze länger dauern als notwendig. Soziale Normen können also für mehr Effizienz sorgen: Etwa wenn die Leute, die sich vordrängen, geächtet werden.

Heute ist es für uns selbstverständlich, mit fremden Menschen zu tun zu haben und ihnen in vielen Dingen grundsätzlich zu vertrauen. Das passiert jeden Tag in einem enormen Ausmaß. Wenn du dieses Buch gekauft hast, dann geht ein kleiner Teil der Einnahmen davon in die Pensionskassa. Denn ich muss meine Einnahmen versteuern und einen Teil in die Pensionsversicherung einzahlen. Das Geld liegt dort aber nicht, bis ich alt werde, sondern fließt direkt an Menschen, die ich überhaupt nicht kenne. Okay, wir leben im selben Land, aber was habe ich schon mit einer Pensionistin in Vorarlberg gemein? Ich habe außerdem dieses Buch in dem Grundvertrauen geschrieben, dass der Verlag mich dafür bezahlt. Ich tue das, weil ich weiß, dass mich Gesetze schützen. Aber auch, weil ich weiß, dass der Verlag in der Vergangenheit seriös war. Und der Verlag bezahlt mich wohl auch wirklich, weil sonst bald niemand mehr für ihn schreiben würde. Dieses Grundvertrauen gab es nicht immer. Aber gerade, bevor die Wirtschaft in England stark zu wachsen begann, hat sich etwas verändert.

Joel Mokyr argumentiert, dass dieses Vertrauen eine Rolle für die Fortschritte in England damals spielte. Er schreibt in einem vielbeachteten Aufsatz davon, dass in England in den oberen Schichten damals opportunistisches Verhalten langsam tabu wurde. Für einen Geschäftsmann war der Ruf, ein Ehrenmann zu sein, Versprechen zu halten und ehrlich zu sein wohl das wichtigste Gut, das er besitzen konnte. (Was nicht heißt, dass diese Ehrenmänner nicht zutiefst rassistisch und sexistisch waren.) Es kann auf dem Papier noch so gute Gesetze geben: Fehlt es an sozialen Normen, die Stabilität und Vertrauen befördern, hilft das nichts. Dieses Grundproblem wurde im 18. Jahrhundert, so Mokyr, langsam überwunden. Das Puzzleteil fügte sich mit dem anderen zusammen: Der für die Aufklärung wichtige John Locke schrieb schon 1693 von der Bedeutung von Tugenden und davon, ein »guter Mensch« zu sein. Und durch die politischen Veränderungen der Zeit wurden auch die Gesetze auf dem Papier besser.

Das Eine ergänzte das Andere. Es bildeten sich Netzwerke. Händler*innen, Industrielle, Techniker*innen, Erfinder*innen und Financier*es arbeiteten zusammen, Ehrenmänner und -frauen. Diese Werte, die auch in andere soziale Schichten überschwappten, gab es damals nicht nur in England, aber dort war die Mittelschicht besonders groß und der Effekt daher stark, schreibt Mokyr. Natürlich wurde, wie auch heute, gelogen und betrogen, aber man näherte sich dem Ideal etwas an. In dieser Schicht ging es auch nicht nur darum, Geld zu machen, sondern zu zeigen, wozu man intellektuell und technisch imstande war. Mokyr schreibt, dass technischer Fortschritt alleine nicht gereicht hätte. Das Zusammenspiel mit den richtigen gesellschaftlichen und politischen Spielregeln war entscheidend. Das passierte in ähnlichem Ausmaß auch in anderen Teilen West- und Mitteleuropas. Hätte die Industrielle Revolution nicht in England stattgefunden, wäre das wohl später in einem anderen Gebiet Europas passiert, schreibt er. In Teilen Englands konnten, als die vielen Erfindungen im 18. Jahrhundert gemacht wurden, schon 80 Prozent der Männer lesen und schreiben, für diese Zeit war das ein enorm hoher Wert. Und bis heute gibt es noch viele Länder, vor allem in Teilen Afrikas, wo der

Wert niedriger ist.[44] Im Tschad können etwa nur 30 Prozent der Männer lesen. In England hatte außerdem schon vor über 300 Jahren jeder vierte 21-Jährige eine Lehre abgeschlossen. Auch das half.[45]

Aus all dem geht hervor: Die englische Wirtschaft wurde nicht wie Dornröschen von einem einzelnen Prinzen wachgeküsst, sondern es mussten viele Dinge passieren, im Zusammenleben, im Denken, in der Politik. Eine Verkettung von Umständen, wie der Soziologe Max Weber es ausdrückt. Die Spielregeln mussten sich so verändern, dass es erstens denkbar war, dass man seine eigene Situation verbessern konnte und zweitens durch bessere Gesetze und soziale Normen der Anreiz da war, sich etwas zu erarbeiten, ohne Angst haben zu müssen, über den Tisch gezogen oder enteignet zu werden. Und das Bild mit dem viele Jahre andauernden Schlaf passt nicht ganz. Man könnte sagen, dass die Wirtschaft zumindest schlafwandelte. England war 1780 – als die Zeit der vielen Erfindungen begann – schon ein gänzlich anderer Ort als 500 Jahre zuvor.[46] Auch wenn das Leben nicht viel besser war und die Menschen in der Produktion nicht viel mehr schafften als früher, gab es große Fortschritte, in der Wissenschaft, Navigation, Kriegsführung und in der Architektur. Es gab auch wirtschaftlich immer wieder Durchbrüche, etwa in der Herstellung von Nägeln, aber die waren nie so wichtig, dass sie die ganze britische Wirtschaft mitgerissen hätten. Die großen Veränderungen kündigten sich schon zuvor mit vielen kleinen an. Auch Landwirt*innen machten sehr große Fortschritte, der Handel wurde einfacher, weil man mit Eisenbahn und Dampfschiff Wege schneller zurücklegte.[47] Die Wirtschaft hob ab und hörte bis heute nicht auf zu fliegen.

Wer viel Handel betreibt, muss nicht mehr alles bei sich in der Region herstellen, sondern kann sich auf gewisse Dinge spezialisieren und den Rest einfach zukaufen. Wer sich spezialisiert, schafft mehr. Und so war es auch: Jedes Jahr wurde man ein bisschen besser, 1760 bis 1860 im Großen und Ganzen jedes Jahr um ein halbes Prozent effizienter.[48] Wenn wir wieder an unser Sparbuch denken, dann stünde so nach 100 Jahren ein Zuwachs von 65 Prozent, also 165 Euro. Das ist ein enormer Unterschied, der völlig neu war. Sehr lange war Wirtschaft ein Nullsummenspiel gewesen. Es gab nur einen Kuchen und alle stritten darum. Wenn einer reich wurde, dann nur, weil ein anderer weniger hatte. Der König nahm dem Volk einen Teil seines Hab und Guts und lebte damit in Saus und Braus. Hatte ein Land mehr, dann deshalb, weil es ein anderes eroberte und ausbeutete. Plötzlich gab es Fortschritt, der Kuchen wurde mehr, die Veränderung beschleunigte sich. Als der Knopf aufging, war sie nicht mehr zu stoppen. Heute ist die Wirtschaftsleistung Englands zwölfmal so groß wie 1860. Ein gigantisches Plus von 1100 Prozent.

Langsam schwappte das herüber

Und was hat das jetzt alles mit Österreich zu tun? Viel. Denn auch hierzulande bemerkte man, was in England passierte. Der technische Fortschritt hat sich damals schon genauso ausgebreitet wie heute: Er wurde schlicht und einfach kopiert. Historiker*innen lesen das am bescheidenen Gewinn ab, den erfolgreiche Firmen damals machten. Samuel Greg & Partners, eine wichtige Spinnerei in England, machte elf Prozent im Jahr – eine völlig normale Rate, obwohl man bei einer technischen Revolution vorne dabei war. Das ist nur dadurch erklärbar, dass viele andere Firmen die Erfindungen schnell nachbauten, die Konkurrenz also groß und damit die Gewinne niedrig waren.[49] Unternehmer*innen reisten auf die Insel und schauten sich die neu gegründeten Firmen an. Dabei wurde oft spioniert, aber auch Handel betrieben.[50] Und so wie heute ausländische Konzerne in Bangladesch Fabriken bauen, wurde die erste Spinnerei in Österreich 1802 in Pottendorf, im Wiener Becken, von einem Engländer gegründet.[51] Wer in Österreich nach dem Durchbruch der Industrialisierung sucht, muss aber viel weiter in die Gegenwart schauen. Bis zum Zweiten Weltkrieg lag das Land wirtschaftlich weit hinter Großbritannien, Deutschland oder den später zur Spitze aufgestiegenen USA zurück. Der österreichische Historiker Franz Eigner erklärt, woran das lag: Es gab immer wieder Wellen, wo man dachte, Österreich schafft es, an die internationale Welt anzuschließen. Meistens waren sie aber nur kurz und wurden gebremst. Bis 1811 waren die Einfuhr und der Bau neuer Maschinen verboten.[52] Das reaktionäre Regime verbot 1825 die Ansiedlung von Industrie. Man fürchtete sich vor der Zusammenrottung der Arbeiter*innen.[53]

Während Großbritannien oder die USA politisch wesentlich schneller in der Moderne angekommen waren, kämpfte Österreich bis ins späte 19. Jahrhundert gegen Zensur und für eine Verfassung, die die autoritär regierenden Habsburger einschränken sollte. In Großbritannien gab es etwa schon jahrhundertelang keine Leibeigenschaft mehr, als 1848 in Österreich die Landwirt*innen befreit wurden. Bis dahin gehörten sie quasi den Grundbesitzer*innen, die durften über deren Schicksal walten. Die Habsburger sprachen sich zunächst auch gegen den Bau einer Eisenbahn aus, die in England die Industrialisierung in Schwung brachte. Wenn wir an die Spielregeln denken, die in England zu einer schnellen wirtschaftlichen Entwicklung führten, dann waren die in Österreich einfach lange nicht gegeben. Weder wurde die Monarchie ernsthaft in ihrer Macht eingeschränkt – Unternehmer*innen wurden politisch oft behindert –, noch hatten Landwirt*innen den Anreiz, sich etwas zu erarbeiten. Unberührt blieb aber auch das heutige Österreich nicht, zu umfassend waren die Veränderungen, die sich in anderen Teilen Europas abspielten. Die Wirtschaftsleistung wuchs pro Kopf von 1820 bis 1870 um etwa ein Prozent pro Jahr, in der Gründerzeit bis 1913 dann sogar um 1,5 Prozent. Vor dem Ersten Weltkrieg, 1913, hatten Schweden pro Kopf doppelt, die Schweiz und Deutschland dreimal und Großbritannien viermal so viel Industrie wie Österreich, das eher bei Russland oder Italien angesiedelt war.[54] Als die Habsburgermonarchie nach dem Krieg zusammenbrach, litt darunter auch die Wirtschaft stark. In der Zwischenkriegszeit blieb sie schwach und Österreich fiel weiter zurück.

Als der Krieg zu Ende ging und die Nazis besiegt waren, ging es dafür richtig los. Die Voraussetzungen für eine wirtschaftliche Aufholjagd waren da, Österreich nutzte sie. Das Land war eingebettet in die westeuropäische Wirtschaftsentwicklung und die USA stellten mit dem Marshallplan wichtige finanzielle Hilfe zur Verfügung.[55] Zwischen 1950 und 1970 wuchs die heimische Wirtschaft im Schnitt um fulminante sechs Prozent im Jahr, das österreichische Wirtschaftswunder. Nach den Kriegen war Großbritannien viermal so reich wie Österreich. Erst 1990, als ich geboren wurde, hat Österreich schließlich wirtschaftlich an Großbritannien angeschlossen. 226 Jahre, nachdem James Hargreaves die Spinning Jenny erfand.

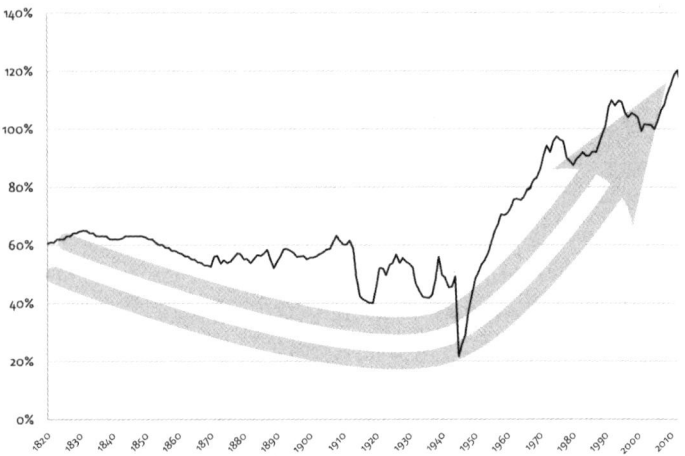

Abb. 3:   Österreichs BIP pro Kopf relativ zu England (Quelle: Angus Maddison)

Dass das nicht nur irgendwelche Statistiken sind, die nichts mit der Realität der Menschen zu tun haben, ist einfach zu beweisen. Ein/e Facharbeiter*in in der Metallindustrie musste 1918 etwa drei Stunden arbeiten, um sich ein Kilo Brot leisten zu können. Heute braucht er/sie dafür elf Minuten.[56] Bei mir zuhause, im Mostviertel in Niederösterreich, haben viele Menschen Bauernhöfe. Sie lesen Fachzeitschriften, in denen neue Ideen besprochen werden, besuchen Betriebe in der Gegend und im Ausland, Jugendliche gehen in landwirtschaftliche Schulen, in denen die neuesten Erkenntnisse und Praktiken gelehrt werden, am Kirchenplatz, bei der Feuerwehr und im Wirtshaus wird diskutiert: Wie läuft die Ernte? Welchen neuen Dünger gibt es? Die Produktivität wird gesteigert, es wird experimentiert und der Staat verbietet den Import von Maschinen nicht mehr oder enteignet sie gar, im Gegenteil: Er sorgt für Stabilität und dafür, dass Abmachungen eingehalten werden. Ideen können sich verbreiten und vermehren, es entstehen neue. Darum wächst die Wirtschaft jedes Jahr. Darum ist Österreich heute eines der reichsten Länder der Welt.

Sind wir reich, weil andere arm sind?

Nein, auch wenn das viele Menschen nicht ganz ohne Grund denken. Denn Europa hat den Rest der Welt über sehr lange Zeit ausgebeutet und auch heute passiert das zum Teil noch. Erinnern wir uns aber an Hugo Autonarr, der mit seinen Ideen in der Fabrik das Wachstum antreibt: Österreich ist sehr reich, weil es innovativ ist und die Ideen Anderer rasch imitiert werden. Der wirtschaftliche Fortschritt von Gesellschaften beruht auf neuen Einfällen und der erfolgreichen Nachahmung Anderer. Darauf, dass die Wirtschaft seit 200 Jahren im Schnitt jedes Jahr um zwei Prozent wächst. Die Vorstellung, dass es auf der Welt nur einen wirtschaftlichen Kuchen zu verteilen gibt und der/die Eine nur mehr davon hat, wenn der/die Andere keinen bekommt, ist ein Relikt aus einer Zeit ohne technischen Fortschritt, in der das tatsächlich so war. Dass Österreichs Wirtschaftsleistung um zwei Prozent wächst, verhindert nicht, dass jene Ghanas auch um zwei Prozent wächst. Im Gegenteil: Wenn Unternehmen hierzulande Technologien entwickeln, die in Accra eingesetzt werden, kann das auch dort das Wachstum anschieben und umgekehrt. Auf die komplexen Zusammenhänge – etwa in der Agrar-, Steuer- oder der Finanzpolitik – gehe ich noch ein, sie ändern aber nichts an der Grundaussage. Österreich ist ein gutes Beispiel, weil es keine großen Bodenschätze wie Öl hat, die man einfach verkaufen könnte. Denn es gibt auch Länder wie etwa Saudi-Arabien, die durch Öl, nicht durch Ideen wohlhabend wurden. Österreich hat davon kaum etwas und ist trotzdem unfassbar reich. »Zufällig einen Haufen Gold zu finden reicht nicht, um reich zu werden, das ist bald wieder weg, wenn man nicht unternehmerisch ist. Ausbeutung bringt langfristig auch nichts. Was modernes Wirtschaftswachstum braucht, ist permanente Innovation«, sagt der Historiker Peer Vries.

Aber sind wir nicht deshalb reich, weil die Menschen etwa in Bangladesch niedrige Löhne haben? Wir profitieren vom Handel, aber das trifft auch auf Bangladesch zu. Viele Frauen arbeiten in Fabriken und haben so die Chance, selbstbestimmter zu leben. Das T-Shirt wäre nicht viel teurer, wenn die Löhne zwei- oder dreimal so hoch wären, sie machen nur einen kleinen Teil des Gesamtpreises aus. Wenn die Löhne steigen und Bangladesch reicher wird, profitieren wir von Innovationen von dort und können noch mehr Handel betreiben. So wie das gerade mit China passiert, die Löhne sind stark gestiegen. Österreichs Exporte betragen im Jahr schon vier Milliarden Euro und wir können etwa billigere Solarpaneele importieren.[57] Die Arbeitsbedingungen in Bangladesch sind noch mies, aber man kann sie nicht mit denen in Österreich, einem der reichsten Länder der Welt, vergleichen. Man muss die Optionen in Betracht ziehen, die es vor Ort sonst gibt. Ein Land baut nicht von heute auf morgen eine Wirtschaft mit gutbezahlten Jobs auf – in Österreich war das auch ein langer Prozess, der bis heute weiterläuft. Und wenn die Löhne in Bangladesch und in anderen ärmeren Ländern steigen – was sie vielerorts tun –, werden Menschen neue Ideen entwickeln. Das passiert ebenfalls bereits, es werden hochautomatisierte Fabriken gebaut.

Aber sind wir nicht deshalb reich, weil Europa den Rest der Welt kolonialisiert hat? Viele Menschen in Europa haben viel Geld mit dem Handel von Sklav*innen oder Zucker verdient. Städte wie Amsterdam, Liverpool oder Madrid boomten, sie profitierten stark. Die Urbanisierung ist in Ländern am Atlantik, die einfacher handeln konnten, viel stärker gestiegen als in Ländern ohne Meerzugang.[58] Europäer*innen haben Millionen Menschen ermordet, vertrieben, versklavt und über den Atlantik verschifft und sich Land genommen, das ihnen nicht zustand. Plantagenbesitzer*innen, Händler*innen, Beamte und Unternehmer*innen haben gut verdient.

Diese Ausbeutung ist aber nicht die zentrale Grundlage des heutigen Reichtums. Der basiert auf einer fundamentalen Veränderung der Art und Weise, wie gewirtschaftet wurde. Darauf, dass plötzlich immer neue Ideen entwickelt wurden. Es gibt aber eine enge Verbindung. Die Industrielle Revolution basierte etwa unter anderem auf dem Textilsektor, der sich mit Baumwolle aus Plantagen in Nordamerika speiste, die mit Sklav*innen arbeiteten. Schon Karl Marx schrieb: »...ohne Sklaverei keine Baumwolle und ohne Baumwolle keine moderne Industrie«.[59] Hatte er recht? War die Sklaverei für die Industrielle Revolution zentral? Nein, schreibt der Stanford-Historiker Gavin Wright in einer neuen Zusammenfassung der Literatur.[60] Im Süden der USA hätte man ohne Sklaverei genauso viel oder sogar noch mehr Baumwolle ernten können. Klar ist aber, dass etwa England vom Atlantik-Handel stark profitierte. Industrielle Erzeugnisse wurden im Tausch gegen Sklav*innen nach Afrika verkauft. Die wurden in Nord- und Südamerika und der Karibik zu Geld gemacht. Von dort wiederum brachten Händler*innen Baumwolle oder Zucker nach Europa und verkauften sie.[61] Die Profite flossen in die Wirtschaft. Der Historiker Patrick O'Brien schätzt, dass etwa sieben Prozent der Investitionen Englands zu der Zeit so finanziert wurden.[62] Der Kolonialismus trug auch dazu bei, dass sich die Konsumkultur stärkte. Zucker oder Tabak wurden erschwinglicher und machten Appetit auf mehr.[63] Auch als Absatzmarkt waren die (ehemaligen) Kolonien relevant, die Hälfte der englischen Textilexporte gingen im frühen 19. Jahrhundert nach Amerika und Australien.[64]

Es besteht also ein klarer Zusammenhang. Profite und Nachfrage aus dem Ausland halfen, reichten aber nicht: Am Ende war zentral, innovativ zu sein, Ideen nachzuahmen und lokal zu adaptieren.[65] Dass Handel mit Kolonien alleine ein Land nicht reich macht, zeigen Spanien oder Portugal. Beide hatten große Kolonialreiche, hinkten aber wirtschaftlich sehr hinterher und tun es gegenüber den reichsten Ländern noch heute. Japan begann sich zu industrialisieren, bevor es zur Kolonialmacht wurde.[66] Deutschland schloss, noch bevor es Kolonien hatte, wirtschaftlich zu England auf.[67] Die europäische Geschichte ist mitunter eine dunkle und Ausbeutung gab es damals und gibt es heute. Sie ist aber nicht der Grund, warum Österreich heute so reich ist und war wohl auch nicht entscheidend für die Industrielle Revolution. Europas Gräueltaten wirken trotzdem bis heute nach. Unter anderem darum geht es im nächsten Kapitel.

Was ich gelernt habe

+ Europas Reichtum basiert zum größten Teil auf Ideen. Ob man die selbst hat oder nur kopiert, ist in unserer offenen Welt nicht so wichtig. Ob sie aber Fuß fassen, darüber entscheiden die Spielregeln in einem Land, und die entwickeln sich historisch langsam.

+ Österreich wurde erst relativ spät zu dem, was es heute ist: eines der reichsten Länder der Welt. Erst als ich geboren wurde, 1990, hatte das Land den wirtschaftlichen Rückstand gegenüber (zum Beispiel) Großbritannien aufgeholt.

Wie du dich weiter informieren kannst

i »Eine kurze Geschichte der Menschheit« von Yuval Noah Harari ist eines der besten Bücher, das ich je gelesen habe. »Warum Nationen scheitern« von Daron Acemoğlu und James Robinson ist auch großartig und hat einen stärkeren Fokus auf die Inhalte dieses Kapitels, also auf Arm und Reich.

Was du machen kannst

☞ Um die Welt zu verbessern, ist ein Verständnis von Wirtschaft nicht verkehrt. Die Podcasts »Planet Money« oder »Freakonomics« helfen dabei. Jetzt kann man unser Wirtschaftssystem für Vieles kritisieren, aber es ist schon erstaunlich, was es zustande bringt. Folge @TimHarford auf Twitter, er ist für mich einer der faszinierendsten Wirtschafts-Erklärer*innen, die es gibt.

3. Warum es noch immer extreme Armut gibt

Wie kann es sein, dass im Jahr 2019 noch immer viele hundert Millionen Menschen hungrig schlafen gehen? Warum gibt es noch immer Länder, in denen so viele Menschen extrem arm sind? Auf den Kolonialismus, die Erbsünde Europas, komme ich noch zu sprechen. Um mich dieser Frage einmal sehr grundsätzlich zu nähern, werfe ich zu Beginn einen Blick auf einige Inseln im Pazifik. Fast die ganze Geschichte der Menschheit lang galt eine simple Regel: Je mehr Menschen es in einem Gebiet gab und je mehr sie sich mit anderen austauschten, desto innovativer waren sie auch in technologischer Hinsicht. Desto mehr wurde also geschafft. Sie lernten und gaben das weiter. Neue Ideen, etwa bei der Jagd, führten dazu, dass mehr Menschen ernährt werden konnten und die Bevölkerung weiter wuchs. Mehr Menschen haben wiederum mehr Ideen und eine Entwicklung begann, die dafür sorgte, dass immer mehr Menschen auf der Welt lebten. Das ist zwar eine sehr grobe Annäherung an das Ganze, denn stabile Gesellschaften und moderne Industrie zu entwickeln ist dann noch einmal eine andere Sache. Aber wir können so tatsächlich einiges über Armut im 21. Jahrhundert lernen. Bevor ich einen Blick auf die große Welt werfe, schaue ich mir das aber im Kleinen an: die besagten Inseln im Pazifik.

Anthropolog*innen – Anthropologie ist die Wissenschaft vom Menschen – sammelten Daten über die Lebenssituation der Menschen auf zehn Inseln, als diese zum ersten Mal in Kontakt mit europäischen Schifffahrern kamen, bei einigen war das im 16. Jahrhundert, bei anderen erst im 18.[68] Den Menschen dort war ziemlich egal, was zu der Zeit gerade in Europa passierte, denn sie hatten, genau wie umgekehrt, keine Ahnung, dass es überhaupt existiert. Die größte Insel, deren Daten die Forscher*innen analysierten, war Hawaii, heute Teil der USA. Damals lebten 275.000 Menschen dort, auf Tonga, der zweitgrößten, lebten nur 17.500 Menschen und auf der kleinsten, Malakula, nur mehr 1100 Menschen. Wenn an der Hypothese, dass mehr Menschen auch mehr Ideen haben und so mit der Zeit fortschrittlicher werden, etwas dran ist, sollte sich das auch an diesen Inseln im Pazifik zeigen. Und genau das war der Fall, wie Michelle Kline in einer Studie schreibt.[69]

Die Anthropologin hat sich das Ganze an der Art und Weise angesehen, wie sich die Völker Nahrung besorgten. Und tatsächlich fand sie in Hawaii weitaus komplexere Werkzeuge als in Malakula. In Malakula gab es 13 verschiedene Werkzeugteile, mit denen gefischt wurde, in Hawaii 71. Ein Holzstecken, mit dem man Muscheln suchte, zählte etwa als ein Teil, eine Falle aus Bambus, die weitaus komplizierter aus 16 Teilen zusammengebaut werden musste, floss in ihre Rechnung mit 16 Teilen ein. Aber nicht nur die Anzahl der Menschen, die auf einer Insel lebten, war entscheidend, sondern auch, wie intensiv der Kontakt zu anderen Inseln war. Die Menschen in Tonga waren viel im Austausch mit denen anderer Inseln, was sich darin niederschlug, dass es dort 55 verschiedene Werkzeugteile gab, obwohl nur 17.500 Menschen dort lebten. Wer sich mit anderen austauscht, ist nicht auf die Ideen der lokalen Bevölkerung angewiesen, sondern profitiert auch von denen anderer. Auf Tonga gab es also fast so komplexe Werkzeuge wie auf Hawaii, das eine 15-mal größere Bevölkerung hatte, die aber relativ abgeschottet lebte. Auch bei den kleineren Inseln konnte man anhand dieser zwei Indikatoren – dem Kontakt mit anderen Völkern und der Bevölkerungsgröße – sehr gut vorhersagen, wie weit der technische Fortschritt war.

In der Anthropologie hat man dafür einen komplizierten Ausdruck gefunden: kumulative kulturelle Evolution. Das heißt im

Prinzip nicht mehr, als dass Generation um Generation auf den Schultern der vorherigen steht. Lange Zeit mussten die Menschen ein Leben fristen, in dem sie nicht in der Lage waren, selbst Feuer zu machen. Irgendwann entdeckte es eine/r und man gab es an die nächste Generation weiter, bis ins Jahr 2019. Bis heute ist immer mehr an Wissen und Ideen dazugekommen und keine/r muss sich mehr von Grund auf überlegen, wie man Feuer macht. Die meisten würden heute wohl daran scheitern, gäbe es keine Zündhölzer oder Feuerzeuge. Aber dass sie vor langer Zeit erfunden wurden, macht das Leben einfacher. Je größer die Bevölkerung ist, desto größer ist auch die Wahrscheinlichkeit, dass viele Ideen entstehen und auch erhalten bleiben. Das gilt jetzt in einer ganz großen Perspektive, wenn wir auf viele tausend Jahre Geschichte blicken, in der es keine Industrie gab. Heute ist die Wirtschaftsleistung von 46 Millionen Spanier*innen in etwa so groß wie die von einer Milliarde Menschen in Subsahara-Afrika. Seit es modernde Industrie gibt, können auch sehr wenige Menschen viel produzieren. Warum es davon in Afrika so wenig gibt, behandle ich noch.

Dietrich Vollrath von der University of Houston schreibt, dass das Insel-Beispiel genau wiedergibt, was auch heutige ökonomische Modelle zu technologischer Innovation vorhersagen: Mehr Menschen haben mehr Ideen und können so mehr Menschen versorgen, die noch mehr Ideen haben.[70,71] Irgendwann ist dann aber Schluss, weil steigender Wohlstand meist dazu führt, dass die Leute weniger Kinder bekommen.

Das kann man nicht nur an Inseln mit ein paar hunderttausend Menschen veranschaulichen, sondern auch an fast der ganzen Geschichte der Menschheit. Genau das hat der Ökonom Michael Kremer getan und ist zu den identen Ergebnissen wie die beiden Anthroprolog*innen gekommen (oder eher umgekehrt, denn die Studie von Kremer ist 17 Jahre früher publiziert worden).[72] Kremer hat auch ein paar Inseln beobachtet, die waren aber etwas größer: Eurasien, also Europa und Asien, plus Afrika nennt er die »Alte

Welt«, weil alle über Landwege verbunden waren, sieht er sie als eine gemeinsame Insel, dann Nord- und Südamerika, Australien, Tasmanien (eine kleine Insel südlich von Australien mit heute einer halben Million Bewohner*innen) und Flinders Island (eine noch viel kleinere Insel nördlich von Tasmanien).

Kremer nimmt das Ende der letzten Eiszeit und das damit verbundene Schmelzen der polaren Eiskappen vor etwa 12.000 Jahren als natürliches Experiment. Der Meeresspiegel stieg an, Landbrücken wurden geflutet und der Kontakt zwischen diesen fünf »Inseln« ist fast zur Gänze eliminiert worden. Sie haben sich also fast ganz unabhängig voneinander entwickelt. 11.500 Jahre später begannen die Europäer*innen um die Welt zu segeln und stellten den Kontakt wieder her. Und es passierte genau das, was man nach dem heutigen Verständnis von Innovation und der Findung von Ideen erwarten würde. Die Alte Welt, die das meiste Land hatte und in der es die meisten Menschen gab, war mit Abstand am weitesten fortgeschritten. Dann kamen Nord- und Südamerika, dort gab es in einigen Regionen Landwirtschaft, Städte und ausgeklügelte Kalender und die Zivilisationen der Inka und Azteken. Die Bevölkerung Australiens bestand aus Jäger*innen und Sammler*innen, die nicht sesshaft waren. In Tasmanien, das in etwa die Fläche von Irland hat, war noch nicht bekannt, wie man Feuer macht, es gab auch keinen Bumerang oder Speere wie in Australien.[73]

Auf Flinders Island, mit einer Fläche, die nicht viel größer ist als jene Wiens, war die Bevölkerung ausgestorben. Forscher*innen vermuten, dass die letzten Menschen dort etwa 4000 Jahre, nachdem sie vom Rest der Welt abgeschnitten wurden, ums Leben kamen. In Tasmanien lebten zu der Zeit um die 5000 Menschen, in Australien etwa 200.000, in Nord- und Südamerika um die 14 Millionen (so genau weiß das aber keiner) und in der Alten Welt über 400 Millionen. Alte Welt ist aber ein sehr grober Begriff und die Menschen dort verteilten sich sehr ungleichmäßig, auf Subsahara-Afrika entfiel davon etwa nur ein Zehntel, obwohl es von der Fläche her etwa halb so groß ist wie Eurasien. Im Schnitt kamen auf einen Quadratkilometer Land 1,9 Menschen, in Europa und China 13 bis 14.[74] Dieser Teil von Afrika war durch die Sahara vom Rest abgetrennt (der Einfachheit halber ist mit Afrika ab jetzt immer Subsahara-Afrika gemeint), es gab extrem limitierten Kontakt mit dem Rest der Alten Welt, schreibt Kremer. Auch ist Fläche nicht gleich Fläche, ob extrem heiß oder fruchtbar, eben oder gebirgig, macht einen Unterschied.

Aber das alleine reicht noch lange nicht, um die enormen Unterschiede zwischen den Bevölkerungen zu erklären, die in Eurasien, den Amerikas oder Afrika lebten. Denn auch anderswo gab es fruchtbare Böden. Warum gab es so viel mehr Menschen in Eurasien? Weil die Bedingungen dort unter dem Strich einfach besser waren, argumentiert der Evolutionsbiologe Jared Diamond.[75] Die Anzahl an Pflanzen- und Tierarten war bedeutend höher und sie eigneten sich besser dazu, Landwirtschaft zu betreiben. In Eurasien gab es etwa Schweine, Ziegen oder Pferde, in Afrika Büffel, Zebras und Antilopen. Erstere sind bedeutend einfacher zu domestizieren. Außerdem ist Eurasien vor allem breit und nicht hoch wie Amerika oder Afrika, das heißt, dass man weit über den Kontinent ziehen kann und in derselben Klimazone bleibt. Das hat es einfacher gemacht, dass sich etwa Ideen über Ackerbau und Viehhaltung verbreiteten, weil man mit ähnlich nassen Wintern und trockenen Sommern und ähnlichen Tieren und Pflanzen wie etwa Weizen oder Gerste zu tun hatte. Und die heutigen Kontinente geben da nur eine grobe Übersicht, denn die Landwirtschaft, die wir heute in Österreich kennen, hat ihren Ursprung im Irak und strahlte von dort nach Nordafrika, Europa und Westasien aus. Subsahara-Afrika entwickelte sich weitgehend unabhängig davon, genau wie Nord- und Südamerika, Australien oder China.[76]

Das sorgte dafür, dass man in Europa und Asien tausende Jahre früher mit der Landwirtschaft begann als in Amerika oder in Afrika, und in Australien nie, bevor die Europäer*innen kamen.

Diese These, die ursprünglich von Jared Diamond stammt, haben seither zahlreiche Arbeiten bestätigt.[77] Es gab in Eurasien also unter dem Strich bessere Bedingungen für Landwirtschaft und für technologische Entwicklung, mit der man mehr Menschen versorgen konnte, die dann wieder mehr Ideen hatten und die Entwicklung, über die wir schon zu Beginn des Kapitels auf den Inseln in Ozeanien gesprochen haben, kam zum Tragen.

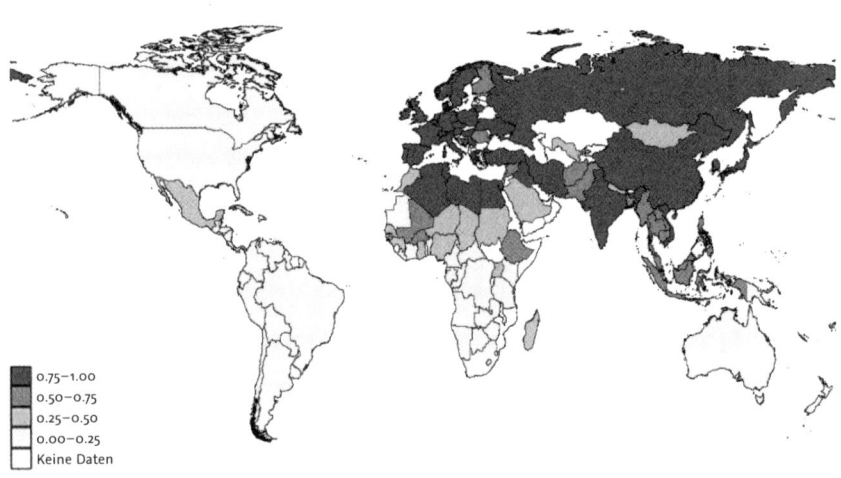

0.75–1.00
0.50–0.75
0.25–0.50
0.00–0.25
Keine Daten

Abb. 4:   Wie komplex waren die Technologien in heutigen Ländern im Jahr 1500? Von 0 = gar nicht komplex bis 1 = sehr komplex (Quelle: Was the Wealth of Nations Determined in 1000 BC? Diego Comin, William Easterly, Erick Cong)

Vom Kleinen ins Große

Und warum ist das alles interessant? Wenn die Bevölkerung in manchen Gebieten stark gewachsen ist, waren das ja irgendwann nicht mehr einfach lose verbundene Völker oder Stämme, sondern irgendwann sind Staaten entstanden. Dazu gibt es auch eine interessante Berechnung: Im Schnitt hat es in der Geschichte etwa 3000 Jahre gedauert, bis nach dem Aufkommen der Landwirtschaft auf einem Gebiet staatliche Strukturen entstanden sind.[78] Das heißt nach Max Weber, dass es ein Gewaltmonopol gibt, das über eine größere Region ausgeübt wird. Die Menschen haben sich also niedergelassen, Getreide oder Mais angebaut und Rinder oder Schafe gehalten. Nach und nach sind die Strukturen gewachsen, man wurde besser darin, konnte mehr Menschen versorgen, aus kleinen Dörfern wurden größere Siedlungen. Immer mehr Menschen lebten auf engem Raum und irgendwann, schreibt die Ökonomin Oana Borcan in einer Arbeit, »gab es Bedarf nach und Möglichkeit für neue Formen der politischen Organisation«.[79] Wenn man in der Landwirtschaft besser wurde und mehr Menschen versorgen konnte, war es leistbar, auch Leute für andere Aufgaben abzustellen, als Priester*innen, Techniker*innen, Beamt*innen oder Krieger*innen. Das klingt jetzt vielleicht ein bisschen zu nett und schön, denn natürlich war das Ganze häufig mit Gewalt verbunden und Menschen wurden versklavt und ausgebeutet. Für dieses Kapitel ist das relevant, weil die Geschichte nahelegt, dass sich eine Region erst dann wirtschaftlich entwickelt und die Bevölkerung dort aus der Armut kommt, wenn ein Staat da ist, der für Recht und Ordnung und Infrastruktur sorgt. Das ist wohl einer der zentralen Gründe dafür, warum Afrika der ärmste Kontinent der Welt ist: weil sich dort nur in wenigen Gebieten und relativ spät Staaten entwickelt haben. Dass es einen Staat schon lange gibt, ist per se noch kein Vorteil, wie Louis Putterman sagt, es »korreliert aber mit vielen politischen, kulturellen, sozialen und wirtschaftlichen Veränderungen, die sich in der Geschichte an verschiedenen Orten zu unterschiedlichen Zeiten ergeben haben«.[80]

Gesellschaften entwickeln sich nicht von heute auf morgen von Gruppen von Jäger*innen und Sammler*innen zu komplexen Nationen mit extremem Wohlstand. Es gab viele kleine Schritte von kleinen Verbänden zu kleineren Dörfern mit Landwirtschaft, zu dichter besiedelten Agrarstaaten mit Währungen und Steuern und am Ende zur Entwicklung moderner Unternehmen, Märkte und einem professionellen öffentlichen Sektor.[81] In Europa oder in China haben sich Agrarstaaten zum Teil tausend Jahre oder länger entwickelt, bevor moderne Industrie entstanden ist, manche Gesellschaften haben das nun innerhalb weniger Generationen versucht. Diese Entwicklung dauert und zieht sich wohl noch lange in die Zukunft. Einiges deutet darauf hin, dass das schwer ist, etwa weil sich soziale Einstellungen nicht so schnell ändern oder der Umgang mit Bürokratie gelernt sein will. Damit sich eine Region gut entwickelt, braucht sie aller Erfahrung nach Zeit und eine Prise Glück. Länder, auf deren Boden es schon lange staatliche Strukturen gibt, wie etwa in England, sind tendenziell wohlhabender als solche, in denen das noch nicht lange der Fall ist, etwa Mosambik. Das heißt nicht, dass man einfach 1000 Jahre warten muss, damit ein Land reich wird. Es geht auch darum, welche Politik gemacht und wie das Land von außen beeinflusst wird. Der erste Staat, von dem man weiß, hat sich vor 5500 Jahren auf dem Gebiet des heutigen Irak gebildet. Dort hatte man mit der Landwirtschaft noch einmal ganze 5000 Jahre vorher angefangen.[82] Trotzdem ist der Irak heute ziemlich verarmt. Weil es in diesem Kapitel um Armut geht, schaue ich mir Afrika ein bisschen genauer an. Wie war es dort historisch?

Fliegen, Sklaverei und andere Hindernisse

Grundsätzlich hatte Afrika im Vergleich mit Eurasien keine lange Geschichte von starken, staatlichen Strukturen (wir sprechen hier wie gesagt über das Afrika südlich der Sahara, denn in Nordafrika war das gänzlich anders). Aksum im heutigen Nordäthiopien war vor 1600 Jahren wohl auf einem Niveau mit Völkern in Eurasien. In der Sahelzone, also dem Gebiet unmittelbar unter der Sahara, blühten Gesellschaften, die aber laut Daron Acemoğlu und James Robinson die Ausnahme, nicht die Regel waren.[83] Timbuktu im heutigen Mali war im 14. und 15. Jahrhundert ein Zentrum der Bildung, aber das Konzept von formaler Bildung breitete sich sehr lange nicht weiter Richtung Süden aus.[84] Zentralisierte Staaten gab es zum Beispiel auch auf dem heutigen Gebiet von Ruanda, Burundi oder Botswana. Sie sind aber später entstanden und waren schwächer aufgestellt als in Europa oder Asien.[85] Das Kuba-Königreich auf dem Gebiet der heutigen Demokratischen Republik Kongo ist ein weiteres Beispiel dafür. Es entstand sehr spät, erst 1620, und war relativ fortgeschritten, blieb aber absolutistisch, »so konnte kein nachhaltiges Wachstum entstehen«, schreiben Acemoğlu und Robinson.[86] In Europa entstanden auf engem Raum viele Staaten, die miteinander im Wettbewerb waren und Krieg führten.[87] Das trieb Innovation an, nicht immer zum Guten, auch zu noch tödlicheren Waffen. Aber Staaten trieben mehr Steuern ein und waren immer darauf bedacht, mithalten zu können, sagt der Historiker Peer Vries. In Afrika gab es das kaum. Es hatte in vielerlei Hinsicht Pech, ein weiteres Beispiel ist die Tsetsefliege. Sie ernährt sich von Blut und kommt nur in Afrika vor, bei Menschen löst sie die Schlafkrankheit aus, bei Tieren, die viel stärker betroffen sind, die Nagana-Seuche. Dort, wo die Tsetsefliege häufiger auftrat, gab es auch weniger Landwirtschaft und weniger politische Zentralisierung.[88]

Dieser Zusammenhang gilt bis heute: Eine Forscherin hat Satelliten-Daten ausgewertet und verglichen, wie viel Licht abends leuchtet, denn Ökonom*innen nehmen das gerne als Indikator für wirtschaftlichen Wohlstand. Noch heute gibt es weniger Licht in Gebieten, die seit langer Zeit von der Tsetsefliege betroffen sind. Teile Afrikas sind außerdem globale Epizentren für Malaria, so nennt es der Ökonom Jeffrey Sachs. An Malaria sterben auf dem ganzen Kontinent zwar immer weniger, aber immer noch eine halbe Million Menschen im Jahr.[89] Die Tsetsefliege hat also Rindern das Leben schwer gemacht, Malaria den Menschen, die Sahara den Transport nach Nordafrika, allgemein gab es wenige Tiere, mit denen man es als Landwirt*in einfach gehabt hätte, all das hat dazu geführt, dass Afrika vor 500 Jahren gänzlich anders aussah als etwa Westeuropa. Die Schrift wurde in Nordafrika erfunden, sie schaffte es nach Äthiopien, aber nie weiter südlich.[90] Außerhalb von Äthiopien wurde der Pflug in der Landwirtschaft nie eingesetzt und auch nicht das Rad, das in Eurasien schon vor 2000 Jahren de facto überall verwendet wurde (im Rest der Welt lange ebensowenig), Güter wurden großteils auf dem Kopf getragen, was Transport oder Handel umständlich machte.[91] Im Aschanti-Reich im heutigen Ghana wurden zwar viele Straßen gebaut, aber auch dort kam das Rad nicht zum Einsatz.

Technologisch lag Afrika also damals schon weit hinter großen Teilen Eurasiens zurück. Der Ökonom Bill Easterly hat in einer Studie gezeigt, dass es bis heute einen starken Zusammenhang gibt: Gebiete, die vor 500 Jahren schon technologisch fortgeschritten waren, sind es tendenziell auch heute.[92] Das heißt nicht, dass die Geschichte Schicksal ist und das alles genau so kommen musste. Der Ökonom Dietrich Vollrath hat dazu ein interessantes Gedankenexperiment vorgeschlagen. Stellen wir uns vor, wir drehen die Geschichte um 15.000 Jahre zurück und lassen sie noch einmal ablaufen. Würde sie genau so wieder passieren? Natürlich nicht. Vollrath vergleicht die Geschichte mit vielen Millionen Münzwürfen. Die Geografie bestimmt nur, dass die Münzen gezinkt sind. Würde man sie oft nacheinander werfen, Europa wäre wohl häufiger, aber nicht immer reicher als Afrika.[93]

Auf der Welt gibt es Umstände, die verschiedenen Gegenden der Welt verschiedene Chancen gegeben haben, sich zu entwickeln. Geschichte ist zäh, wenn einmal eine Entwicklung eingeschlagen wurde, tendiert sie dazu, sich fortzusetzen. Der Historiker Peer Vries sagt: »In der Geschichte gibt es Momente, in denen man links oder rechts abbiegt und sich auf einen Pfad begibt.« Aber auch das ist natürlich nicht in Stein gemeißelt. Das heutige Peru war noch vor ein paar hundert Jahren wesentlicher reicher als die heutigen USA, das hat sich umgekehrt (dazu komme ich noch). Auch in Ländern mit schwieriger Geografie, etwa in Israel, in Singapur oder in Malaysia, sind die Menschen heute relativ wohlhabend. Österreich und die Schweiz sind reich, weil sie von Entwicklungen rundherum profitieren. Das betont der Ökonom Bill Easterly: Entwicklung findet fast immer in größeren Regionen, nicht in einzelnen Ländern statt. Westeuropa ist reicher als Osteuropa, in Asien ist der Osten reicher als der Westen, in Amerika ist der Norden reicher als der Süden und in Afrika sind Nord- und Südafrika im Vergleich wohlhabender, die Regionen dazwischen bis auf wenige Ausnahmen relativ arm. Und natürlich geht es nicht nur um Geografie, sondern auch um Kultur, Gesetze und Politik– denn mit Geografie kann man nicht erklären, warum Österreich viel reicher ist als China oder Indien – und auch um Zufälle.

Afrika hatte etwa nicht nur Pech mit seiner Geografie, sondern leidet bis heute unter den Narben des größten Sklavenhandels, den es in der Geschichte gegeben hat. Die Sklaverei gab es zwar überall (und auch heute noch werden Menschen versklavt), kein Kontinent hat aber auch nur annähernd so darunter gelitten wie Afrika. Laut dem Ökonomen Nathan Nunn sind zwischen 1400 und 1900 etwa 18 Millionen Menschen als Sklav*innen verkauft worden.[94] Viele ins heutige Brasilien, in die Karibik und die heutigen USA, um dort auf Plantagen zu arbeiten. Millionen mehr sind auf Schiffen oder in Kriegen gestorben, in denen man Menschen »fangen« wollte. Auch hier gibt es, wie bei der Tsetsefliege, einen Zusammenhang zum Hier und Jetzt. Die ärmsten Länder in Afrika sind heute tendenziell jene, die am stärksten vom Sklavenhandel betroffen waren. Und das liegt nicht daran, dass sie auch vorher schon die ärmsten gewesen wären, das Gegenteil ist der Fall: Etwas wohlhabendere Regionen mit fortgeschritteneren Staatsstrukturen waren bessere »Partner«, um viele Sklav*innen zu liefern.

Aber nicht nur in Amerika und Europa gab es Nachfrage nach Sklav*innen, etwa sechs Millionen Afrikaner*innen wurden auch nach Nordafrika, in den Mittleren Osten und nach Indien gebracht, um dort Zwangsarbeit zu leisten. Das hat Teile Afrikas stark destabilisiert, denn es wurden Kriege geführt, nur um das nächstgelegene Volk versklaven zu können. Waffen mussten aber zuerst zugekauft werden, weil lokal keine produziert wurden, das Geld dafür wurde großteils aus dem Verkauf von Sklav*innen lukriert. Es wurden also noch mehr Kriege geführt, für die man wiederum mehr Waffen brauchte und dafür wieder mehr Sklav*innen. Historiker*innen nennen das den »Pistolen-Sklav*innen-Kreislauf«. Aber nicht nur zwischen verschiedenen Völkern wurde Krieg geführt, sondern auch untereinander. Man beschuldigte sich etwa gegenseitig erfundener Verbrechen, mit etwas »Glück« wurde die Andere eingesperrt und als Sklavin verkauft. Das führte zu einer enormen Zunahme an Konflikten und ließ manche politische Strukturen, die im Vergleich mit Eurasien ohnehin schon relativ schwach waren, zerfallen. Sie wurden zum Teil durch kleine Banden ersetzt, die von Warlords regiert wurden. Diese Banden lebten davon, Andere zu bekriegen, möglichst viele Sklav*innen zu nehmen und zu verkaufen. Afonso I., Anführer des Königreichs Kongo, schrieb 1526 an die Portugiesen: »Es gibt Händler in allen Ecken des Landes. Sie bringen den Ruin über unser Land. Jeden Tag werden Menschen versklavt und gekidnappt, sogar Adelige oder Mitglieder der Königsfamilie.« Der Brief half nichts, der Sklavenhandel erodierte Recht und Ordnung und trug zum langsamen Zerfall des Reichs bei.[95] Auch das Jolof-Reich auf dem Gebiet des heutigen Senegal zersplitterte in viele kleinere Königsreiche.

Patrick Manning schätzt, dass der Sklavenhandel die Bevölkerung Afrikas so stark dezimiert hat, dass 1850 nur halb so viele Menschen dort lebten, als wenn es den Sklavenhandel nicht gegeben hätte. Eine unglaubliche Zahl.[96]

Wenn wir also aus dem vorigen Kapitel die Erkenntnis mitnehmen, dass die Geschichte lange nachwirkt, dann kann man sich vorstellen, was der Sklavenhandel in Afrika langfristig angerichtet hat. Noch heute sind die afrikanischen Länder, aus deren Gebiet früher mehr Sklav*innen exportiert worden sind, ärmer als jene, die wenig oder nicht betroffen waren. Aus Befragungen weiß man auch, dass Menschen in diesen Ländern, etwa in Angola, Nigeria oder Ghana, heute noch weniger Vertrauen in Nachbarn, Verwandte oder die lokale Regierung haben als in anderen Ländern.[97] So sehr hat sich das soziale und politische Klima durch den Sklavenhandel verschlechtert, dass das noch 2019 messbar ist. Wenn wir uns vor Augen führen, dass ein gewisses Maß an Kooperation mit fremden Menschen für wirtschaftliche Entwicklung wichtig ist, etwa um Güter zu handeln, genau wie ein Staat, der funktioniert und für Recht und Ordnung sorgt, dann hat der Sklavenhandel in Afrika beides noch schwieriger gemacht, als es durch die Geografie und die späte Entwicklung staatlicher Strukturen ohnehin schon war.

Der aufgeteilte Kontinent

Das war aber leider noch lange nicht alles, denn ich habe mich bislang noch gar nicht mit dem Kolonialismus auseinandergesetzt. Wenn wir uns daran erinnern, dass das Schmelzen der polaren Eiskappen die Alte von der Neuen Welt 11.500 Jahre lang fast vollständig trennte, dann wurden sie durch den Kolonialismus umso stärker zusammengeführt. Bevor ich auf den Kolonialismus in Afrika eingehe, blicke ich noch kurz auf den Rest der Welt. Dass es in Teilen Eurasiens bessere Bedingungen für Landwirtschaft gab und dadurch mehr Menschen mehr Ideen hatten, prägt die Welt bis heute. Denn in einem Teil Europas sind so auf engem Raum und im ständigen Wettbewerb Staaten entstanden, die ziemlich gut darin waren, Krieg zu führen. Die blieben nicht unter sich, sondern fingen an, den Rest der Welt zu erobern und auszubeuten. Eine kurze Geschichte des Kolonialismus lässt sich nur sehr schwer erzählen. Der Historiker Jürgen Osterhammel schreibt, es gebe nur eine Geschichte vieler verschiedener Kolonialismen.[98] Je nach Land und Kolonialmacht unterschied sich, was vor Ort passierte. Eine erste, grobe Einordnung lässt sich aber danach treffen, wie viele Europäer*innen sich in einem Land angesiedelt haben. Das Gebiet der heutigen USA war relativ dünn besiedelt, es gab also weder viele Menschen noch viele Ressourcen, die man ausbeuten konnte. Darum wurde vielen Siedler*innen ein Stück Land zugeteilt und man baute sich vor Ort selbst etwas auf, begann Landwirtschaft zu betreiben, Siedlungen zu bauen, dieser Teil war bis 1776 quasi eine Zweigstelle Englands. Die indigenen Bewohner*innen wurden stark dezimiert. Großteils durch Krankheiten wie Pocken, die ihnen fremd waren und gegen die ihr Immunsystem keinen Schutz bot. Aber auch durch Kriege und Morde. Ihnen wurde zu einem Großteil ihr Land genommen.

Dasselbe gilt auch für Kanada oder Australien, letzteres wurde spät besiedelt und diente zuerst quasi als Freiluftgefängnis. Die Briten brachten dort Menschen hin, die ihnen anderswo Ärger bereiteten. Viele Ex-Sträflinge bekamen aber schnell Land, und nachdem die indigene Bevölkerung zu einem Gutteil umgebracht worden war, waren Victoria und Tasmanien die ersten beiden Regionen der Welt, in denen geheime Wahlen stattfanden.[99] Auch Neuseeland passt in etwa in das Muster. Diese Regionen haben gemein, dass sie damals relativ arm waren und heute alle reich sind. Sie sind quasi Ebenbilder europäischer Staaten, in denen sich nicht nur eine kleine Elite, sondern mehr Menschen etwas aufbauen konnten, sofern sie nicht schwarz oder indigen waren und versklavt, vertrieben oder ermordet wurden.

Auf dem Gebiet des heutigen Mexiko war es anders, genau wie im heutigen Peru oder in Bolivien. Dort gab es schon weiter entwickelte Gesellschaften, die aber den Gewehren, Bluthunden und Pferden der Europäer*innen – nichts davon kannte man zuvor – weit unterlegen waren. In diesen Regionen war auch etwas zu holen, es gab Ressourcen wie Gold, Silber oder Kupfer und dicht besiedelte Gebiete, in denen man die indigene Bevölkerung ausbeuten konnte. Auch dort starben viele an Keimen oder wurden ermordet. Wer überlebte, musste oft in Minen oder auf Feldern Zwangsarbeit leisten. Europäischen Siedler*innen wurden Zwangsarbeiter*innen zugeteilt. Ein ähnliches Modell fand sich für die Karibik und Brasilien, dort waren die Bedingungen für Plantagen besonders gut, um etwa Zucker oder Kaffee zu produzieren. Diese Güter wurden dann nach Europa exportiert. Weil die Arbeit auf diesen Plantagen aber extrem hart war und auch dort Keime viele Menschen töteten, mussten immer neue Arbeitskräfte herbeigeschafft werden. Das war der Beginn des transatlantischen Sklavenhandels, der nicht nur diese Länder, sondern auch Afrika stark prägen sollte.

Anders als die heutigen USA oder Kanada waren die Länder der Karibik, etwa Haiti oder Jamaika, aber auch die Kolonien in Südamerika, von extremer Ungleichheit geprägt. Eine kleine Elite krallte sich die Macht, das Land und beutete die Bevölkerung aus. Die besaß nicht nur kein Mitspracherecht oder Land, sondern musste auch in Massen mit ihrem Leben bezahlen. Noch heute ist die Ungleichheit, was Landbesitz und politische Macht betrifft, in vielen dieser Länder groß. Für die beiden Historiker Kenneth Sokoloff und Stanley Engerman ist das der Hauptgrund, warum die USA heute ein so anderes Land sind als etwa Haiti oder Brasilien.[100] Das gesellschaftliche, ökonomische und politische Umfeld, die Spielregeln, die damals entwickelt wurden, wirken bis heute nach. Wenn sich der Großteil der Bevölkerung nicht am Wohlstand beteiligen kann, wird eben nur eine kleine Schicht reich und nicht das ganze Land. Das heißt natürlich nicht, dass die Geschichte die ehemaligen Kolonien unwiderruflich zu dem verdammt, was sie heute sind. Aber wird einmal ein Weg eingeschlagen, kommt man davon oft nur sehr schwer wieder ab.

In Asien wurde über lange Zeit »Handel mit Waffen« betrieben. Das heißt, europäische Länder hielten sich sogenannte »Ostindien-Kompanien«: Konzerne, die Monopole für den Handel vor Ort erhielten und sich damit eine goldene Nase verdienten. Die britische Version davon, die in Indien etwa Steuern einhob und eine eigene Armee führte, war 200 Jahre lang das größte Unternehmen der Welt.[101] Die Niederländische Ostindien-Kompanie regierte zum Beispiel Indonesien, auf den zugehörigen Banda-Inseln verübte sie einen Völkermord. Als die Firmen in Probleme schlitterten, übernahmen staatliche Kolonialverwaltungen. Für den Historiker Andreas Eckert ist Indien der Prototyp einer Beherrschungskolonie, wo kaum Europäer*innen vor Ort waren. Auf eine britische Beamtin in Indien kamen Mitte der 1930er etwa 28.000 Einheimische. Afrika hingegen wurde über lange Zeit fast gar nicht kolonialisiert, weil dort relativ wenig auszubeuten war und die Europäer*innen Klima und Malaria fürchteten. Sie fanden es einfacher, das tausende Kilometer entfernte Amerika zu kolonialisieren als Afrika. Nur im Süden Afrikas, wo das Klima gemäßigter war, siedelten sich viele von ihnen an.[102] Das Apartheidregime in Südafrika, das erst in den 1990ern sein Ende fand und in dem weiße Siedler*innen den Großteil der Bevölkerung massiv ausbeuteten und diskriminierten, hatte dort seine Wurzel. Ansonsten haben sich die Europäer*innen in Afrika nicht in Massen wie in Nord- und Südamerika niedergelassen, sondern dort Strukturen geschaffen, übernommen oder ausgebaut, um Menschen und Ressourcen auszubeuten. Das zeigt sich am Verlauf von Eisenbahnlinien, die in der Zeit gebaut worden sind. Sie verbanden keine Städte miteinander, sondern führten lediglich zu den Häfen, damit Agrarprodukte und Mineralien verschifft werden konnten.[103]

Ein besonders brutales Beispiel ist die belgische Kolonialherrschaft in der heutigen Demokratischen Republik Kongo (die so gar nicht demokratisch ist). Damals ist in etwa die Hälfte der Bevölkerung gestorben. Millionen wurden verstümmelt, vergewaltigt und ermordet. Die Europäer*innen haben sich Afrika zwischen 1880 und 1905 quasi auf dem Reißbrett aufgeteilt. Frankreich, Großbritannien, Belgien, Deutschland, Italien, Portugal und Spanien nahmen Gebiete in Anspruch. Was damit gemacht werden sollte, war noch nicht klar. Dass später daraus dann einmal eigene Länder entstehen sollten, war auch nicht vorgesehen. Die Grenzen, die damals in fast gänzlicher Unkenntnis des Kontinents gezogen wurden, oft ohne Geografie oder Völker vor Ort zu kennen, haben sich zu einem Gutteil bis heute gehalten. Viele Forscher*innen argumentieren, dass das die einschneidendste Nachwirkung des Kolonialismus ist.[104]

Afrika hat aus dieser Zeit auch den größten Anteil an Ländern der Welt, die keinen Zugang zum Meer haben (30 Prozent). Den hat Österreich zwar auch nicht, aber dafür Deutschland oder Italien als Nachbarn. Der Ökonom Paul Collier erklärt am Beispiel von Uganda (einer ehemaligen britische Kolonie), warum das ein Problem sein kann: Es ist umgeben von Kenia (ebenfalls eine ehemalige britische Kolonie), das jahrzehntelang stagnierte und lange eine miserable Infrastruktur hatte, sodass Uganda nur schwer Güter exportieren konnte; ein Nachbar ist der kriegsgebeutelte Sudan (ebenfalls früher britisch), ein anderer Ruanda (ehemalige deutsche, dann belgische Kolonie), wo im Bürgerkrieg in den 1990ern ein Genozid stattfand, dann ist da noch Somalia (ehemals italienisch-britisch), das gänzlich kollabiert ist, die Demokratische Republik Kongo (früher belgisch), die im Dauerbürgerkrieg steckt und Tansania (früher deutsch), mit dem Uganda sogar einen militärischen Konflikt austrug. Simbabwe (ehemals britisch) etwa exportierte viel über Beira in Mosambik (früher portugiesisch), bis dort ein Bürgerkrieg losbrach. Wer Zugang zum Meer hat, ist zwar auch nicht unabhängig von seinen Nachbarn, kann sich aber zumindest eine eigene Exportinfrastruktur aufbauen.[105]

Viel wichtiger ist aber wohl, dass Staaten entstanden sind, in denen sich die Menschen nicht etwa wie Österreicher*innen in Österreich fühlen. Es wurden Menschen zusammengewürfelt, die miteinander relativ wenig am Hut hatten oder haben. Somalis wurden zunächst auf vier Kolonialmächte aufgeteilt, die Ogaden-Region wurde Teil von Äthiopien, ist aber großteils von Somalis besiedelt. Somalische Clans in Dschibuti, in Ogaden und in der Nordostprovinz von Kenia durften gegen ihren Willen nicht Teil von Somalia werden, was seither mit ein Grund für mehrere Kriege war. Jeder fünfte Bürgerkrieg in Afrika hat eine sezessionistische Komponente, eine Ethnie will sich also vom Staat abspalten. Heute gibt es 229 Ethnien, von denen zumindest zehn Prozent der Bevölkerung auf zwei Länder verteilt sind, etwa die Massai auf Kenia und Tansania. Ein weiteres Beispiel ist Nigeria, dort wurde Öl im Wert von hunderten Milliarden Dollar gefördert, der Großteil der Menschen hat davon aber nichts und lebt in Armut. Im Land leben hunderte Gesellschaften mit eigenen Sprachen und Gesetzen, genau wie in der Demokratischen Republik Kongo.[106] Im Süden Nigerias finden sich die meisten Christen, im Norden Muslime. Im Norden leben nicht wenige Minderheiten aus dem Süden, was immer wieder zu Gewalt und Konflikten führt. Im ölreichen Nigerdelta leben viele weitere Ethnien, was das Ganze noch komplizierter macht.[107] Jetzt heißt das nicht, dass verschiedene Ethnien nicht friedlich miteinander leben können. Aber auch in Österreich, einem der reichsten Länder der Welt mit stabilen politischen Institutionen und einem starken Sozialstaat, zeigte sich in der Vergangenheit an Kärntner Ortstafeln, wie schwer es noch immer Vielen fällt, etwa mit Slowen*innen auf österreichischem Staatsgebiet umzugehen.

Wenn man sich die Grenzen vieler Länder des Kontinents auf einer Karte ansieht, fällt auf, dass sie wie mit dem Lineal gezeichnet aussehen. Ein Erbe aus der Kolonialzeit. Ein Ökonom hat ausgerechnet, dass Länder mit geraderen Grenzen, bei deren Schaffung also weniger auf Geografie oder Bevölkerung geachtet wurde, heute ökonomisch schwächer dastehen als andere. Der Politikwissenschaftler Jeffrey Herbst schreibt, dass diese Grenzziehung es Staaten in Afrika oft auch schwer macht, Kontrolle über ihr Gebiet auszuüben.[108] So ist etwa Senegals Hauptstadt Dakar durch Gambia vom Süden des Landes abgetrennt. In der Demokratischen Republik Kongo sind Städte wie Kinshasa, Lubumbashi und Goma, wo die meisten Menschen leben, tausende Kilometer voneinander entfernt. Länder wie der Tschad, Mali oder Niger haben kleine urbane Gebiete und ein riesiges Hinterland, in dem nur wenige Menschen wohnen und das für ohnehin schwache Staaten dann oft nur schwer zu kontrollieren ist.

Nach dem Ende des Kolonialismus – die meisten Länder Afrikas wurden in den 1960ern unabhängig – setzten sich viele der kolonialen Praktiken fort, auch in der Unabhängigkeit blieben viele Staaten autoritär und die staatlichen Strukturen werden bis heute oft noch dazu missbraucht, um Wohlstand für eine kleine Gruppe anzuhäufen und nicht für die breite Bevölkerung.[109] Der Kolonialismus ist zu Ende, wirkt aber stark nach. Das Staatsoberhaupt hat in manchen Ländern fast die ganze Macht, Politik ist personalisiert, das Parlament und politische Parteien sind schwach, es fehlt eine professionelle Bürokratie und etablierte Lokalpolitik.[110] Auch, dass die meisten afrikanischen Länder heute nach wie vor großteils Rohstoffe exportieren, hat historische Gründe, sagt Augustin Fosu von der Universität Ghana. Schon in der Kolonialzeit sei das so gewesen und für Europa sei es von Vorteil, das fortzuführen. Viele Länder hätten zu Beginn ihrer Unabhängigkeit in kurzer Zeit versucht, diese einseitige Handelsbeziehung zu beenden. Die lokalen Industrien seien mit hohen Zöllen geschützt worden, damit sie sich entwickeln konnten. Dabei seien aber Fehler passiert und die Unternehmen wurden ineffizient und viele gingen später einmal pleite. Ghana sei dafür ein typisches Beispiel, die vor dem Wettbewerb abgeschirmten

Firmen konnten später ohne Förderungen und Schutz durch den Staat nicht überleben.[111]

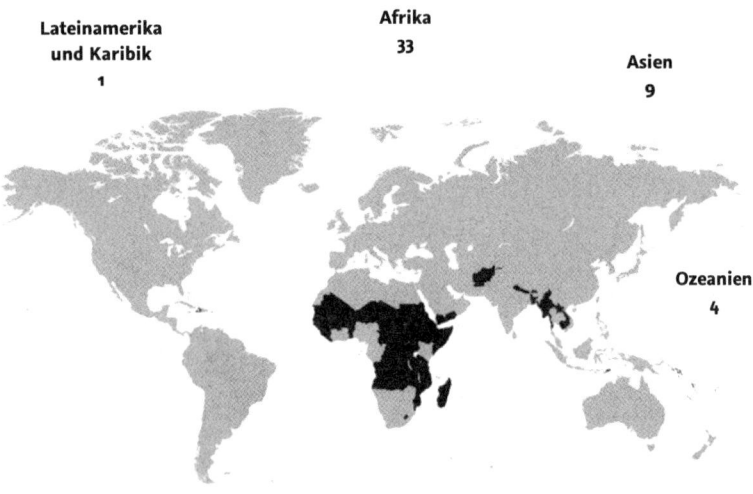

Abb. 5:   Die am wenigsten entwickelten Länder der Welt, aufgeteilt nach Kontinenten (Quelle: Weltbank)

Gestern und morgen

Wenn man sich also die Geschichte Afrikas anschaut, ist es wenig überraschend, dass der Kontinent heute der ärmste der Welt ist. Staaten sind in Afrika gar nicht oder erst viel später als in Eurasien entstanden. Sie waren meist schwach aufgestellt und die Sklaverei zerstörte viele soziale und politische Strukturen. Der Kolonialismus schuf dann – neben vielen anderen begangenen Grausamkeiten – Staaten auf dem Papier, die erst langsam zu sich finden müssen. Wenn wir uns in Erinnerung rufen, dass ein stabiler Staat, der für Recht, Ordnung und Infrastruktur sorgt, wichtig für wirtschaftliche Entwicklung ist, überrascht es nicht, dass Afrika ökonomisch stark hinterherhinkt. Schon heute liegen 33 der 47 laut Weltbank wirtschaftlich am wenigsten entwickelten Länder in Afrika. Weil es in Asien große Fortschritte gibt, wird erwartet, dass in gut zehn Jahren fast alle extrem armen Menschen der Welt in Afrika leben werden.[112] Was also tun? Immer wieder kommt in diesem Zusammenhang der Vorschlag: Starten wir doch einen Marshallplan für Afrika! Die USA haben nach dem Zweiten Weltkrieg ein Hilfsprogramm für einige europäische Länder geschnürt. Damit sollte dem Kontinent nach dem Krieg auf die Beine geholfen und er gleichzeitig vom Kommunismus ferngehalten werden. Österreich hatte aufgrund seiner Lage zwischen Ost und West einen Sonderstatus und bekam immerhin 17,6 Milliarden Schilling, etwa zehn Prozent der Wirtschaftsleistung.[113] Die Gelder aus den USA waren ein wichtiges Element für Österreichs ökonomische Entwicklung, sagt der Ökonom Felix Butschek. Hat er auch in Afrika Sinn?

Nein, sagt Butschek, denn die Situation damals könne man nicht mit der heutigen vergleichen. »In Österreich war alles da, stabile Institutionen, qualifizierte Arbeitskräfte, politische Stabilität, alle Voraussetzungen für industrielle Entwicklung waren gegeben, das ist in Afrika nicht der Fall.« Wirtschaftliche Entwicklung kann man nicht wirklich planen, Österreich, das in die Entwicklung Europas eingebettet war, fehlte damals bloß Kapital. Die USA haben es geliefert und es ging steil bergauf.

Dass vielen Ländern in Afrika nicht einfach Geld fehlt, sondern die Strukturen für eine reiche Marktwirtschaft, haben wir in diesem Kapitel gelernt. Das heißt aber nicht, dass es nicht auch in Afrika zum Teil große Fortschritte gibt. Die Zahl der Menschen in extremer Armut geht auch in vielen Ländern dort zurück, allerdings langsamer als in anderen Regionen. Es gibt immer häufiger freie Wahlen und friedliche Machtwechsel. Das Hier und Jetzt lässt sich nicht ohne die Geschichte verstehen, aber was gestern war, entscheidet nicht alleine, was morgen sein wird. In den meisten Ländern schaffen die Menschen mehr, die Produktivität steigt langsam, aber sie steigt. Weniger Menschen arbeiten in der Landwirtschaft, mehr in der Industrie oder im Dienstleistungssektor.[114] Das ist ein gutes Zeichen. Ghana war vom Sklavenhandel massiv betroffen und ist heute eine für den Kontinent vorbildliche, funktionierende Demokratie, die sich auch wirtschaftlich gut entwickelt. Äthiopien und Ruanda, beides Autokratien, bauen Schritt für Schritt eine Industrie auf und gehören auf niedrigem Niveau zu den am schnellsten wachsenden Volkswirtschaften der Welt. In Kenia entwickelt sich ein Start-up-Sektor, auch im Senegal geht es bergauf, so der Ökonom Stefan Dercon. Noch dazu gibt es mit Botswana und Mauritius zwei Länder, die sich seit Jahrzehnten hervorragend entwickeln und mittlerweile auf dem Status ärmerer europäischer Länder sind. Das ist noch immer weit weg vom Lebensstandard Österreichs, aber eine enorme Entwicklung. Afrika lässt sich aber nicht alleine durch eine rosarote Brille betrachten, denn für jedes Botswana gibt es auch einen Tschad und ein Nigeria. Trotzdem lässt Vieles optimistischer als noch vor zwanzig Jahren in die Zukunft blicken. Und dass Staaten nur schlecht funktionieren, ist zwar nicht gut für die ökonomische Entwicklung, verhindert sie manchmal aber trotzdem nicht.

Ein Beispiel dafür ist Bangladesch. Das Land gibt es noch keine 50 Jahre – es hat sich 1971 von Pakistan abgespalten –, die Politik hat den Ruf, enorm korrupt zu sein und die Institutionen dort sind alles andere als vorbildlich. Trotzdem macht das Land enorme Fortschritte. Laut dem Ökonomen Stefan Dercon ist die Regierung vernünftig genug, die Textilfirmen arbeiten zu lassen und nicht zu behindern. Vieles entwickelt sich gut, angefangen beim Bildungswesen, es gibt weniger Armut und die Menschen leben gesünder. Auch in Afrika sieht Dercon die meisten Länder auf diesem Weg. Auch wenn es für Bangladesch einfacher war, loszustarten. Es ist ethnisch relativ homogen, liegt strategisch gut am Meer und in einer Region, in der es in Nachbarländern schon Textilindustrie gab, die herüberschwappen konnte. Auch in Afrika könnten ein paar Länder diesem Beispiel folgen, meint Dercon, »wenn auch nur drei oder vier, vielleicht Äthiopien, Ruanda oder Senegal.« Der traditionelle Weg, nämlich mit niedrigen Löhnen simple Güter für den Welthandel zu produzieren, sei für die Masse der Länder schwierig, weil diese Lücke schon Ostasien gefüllt hat. Weil die Kaufkraft der eigenen Bevölkerung oft niedrig ist, versuchen viele zu exportieren. Ein Weg könnte demnach sein, outgesourcte Dienstleistungen für Firmen in reicheren Ländern zu übernehmen. Ein Beispiel dafür ist Madagaskar. Dort leben noch 80 Prozent der Menschen in extremer Armut. Das Internet ist dort sehr gut ausgebaut und so wurden tausende Jobs angezogen, die deutlich besser bezahlt sind als andere im Land.[115] So lagern etwa französische Firmen ihr Kundenservice dorthin aus. Augustin Fosu von der Universität Ghana macht auch das gemeinsame Handelsabkommen AfCFTA, das 54 von 55 Ländern des Kontinents – alle außer Eritrea – 2019 abgeschlossen haben, Hoffnung. Auf 90 Prozent der Güter sollen die Zölle fallen, die Länder wollen dadurch wirtschaftlich unabhängiger vom Rest der Welt werden.

Aber Entwicklung ist kompliziert und schwer vorhersehbar, sie braucht viel Zeit und ist von außen kaum steuerbar. Was heißt das für mich? Der Ökonom Dercon meint: Der/die Einzelne könne versuchen, mehr über diese Länder zu lernen, sie besser zu verstehen. Afrika sei nicht geholfen, wenn man es in eine Opferrolle dränge und man mit ihm nur Bilder von sterbenden Kindern verbinde. »Jeder kann zum Beispiel afrikanische Literatur lesen, sich mit dortiger Politik beschäftigen, es gibt jede Menge zu entdecken und auch Reisen lohnt sich. Mehr Leute dazu zu bringen, sich mit Afrika zu beschäftigen, bringt auf jeden Fall etwas.«

Bei mir steht Afrika jedenfalls ganz oben auf meiner Liste, was die nächste längere Reise betrifft. Und auch sonst gibt es einiges, was ich tun kann, wie ich im Verlauf meiner Recherche gelernt habe. Dazu komme ich in den folgenden Kapiteln. Kürzlich war ich ein halbes Jahr in Südamerika. Robert Bates, ein US-amerikanischer Politikwissenschaftler, argumentiert, dass es einiges mit Afrika gemein hat.[116] Denn auch Südamerika hat eine schwierige Geschichte, wurde sehr lange ausgebeutet und hat sich ein halbes Jahrhundert nach der Dekolonialisierung in den 1820er Jahren in Gewalt, Konflikten und wirtschaftlicher Stagnation verloren. Bis es dann bergauf ging. Bates schreibt, er ist vorsichtig optimistisch, dass Afrika jetzt in dieser zweiten, besseren Phase sei. Ich habe einige Monate in Lima, der Hauptstadt von Peru verbracht. Der widme ich mich nun im nächsten Kapitel. Eines kann ich versprechen: Darin finden sich mehr gute Nachrichten als in diesem. Denn es gibt im Kampf gegen Armut große Erfolge zu feiern.

Was ich gelernt habe

+ Bis vor 200 Jahren waren fast alle Menschen auf der Welt arm. Das ändert sich überall, einige Regionen sind aber viel weiter als andere. Das liegt einerseits an der Geografie, die mancherorts die wirtschaftliche Entwicklung erschwert, und andererseits an den politischen, ökonomischen und kulturellen Spielregeln, die sich mit der Zeit entwickelt haben.

+ Afrika vereint zum Teil eine schwierige Geografie und Geschichte. Es ist relativ schwer für Firmen, Ideen und Technologien aus reicheren Ländern zu übernehmen und produktiver zu werden.

Wie du dich weiter informieren kannst

i Wenn du mehr über Geschehnisse in Afrika erfahren möchtest, abonniere »This Week in Africa«, einen Newsletter von Jeffrey Paller, einem Politik-Professor. Er verschickt jede Woche Links zu aktuellen Artikeln und Studien. Auch bei Quartz, Bloomberg und der BBC findest du gute Afrika-Berichterstattung.

Was du machen kannst

☞ Du kannst afrikanische Literatur lesen. Etwa das großartige Buch »The Fishermen« von Chigozie Obioma. Der Ökonom David Evans hat sich 2019 vorgenommen, 52 Bücher von afrikanischen Autor*innen zu lesen. Google mal »David Evans #ReadAfricanwriters«.

4. Fast alles auf der Welt wird immer besser

Es ist brennend heiß, der Bus gerammelt voll und mein Handy steckt in meiner Unterhose. Das macht man so, haben mir die Peruaner*innen gesagt, mein Handy hat so viel gekostet, wie eine Kellnerin hier in drei Monaten verdient. Sicher ist sicher. Je weiter Juan und ich in den Norden von Lima, der riesigen Hauptstadt Perus, kommen, desto schlechter werden die Fahrbahnen. Irgendwann sind es nicht mehr wirklich Straßen, so wie wir sie kennen, sondern nur mehr Lehmboden, auf dem Autos fahren. Die Art Häuser, in denen in der Innenstadt die Reichen – viele von ihnen Weiße – wohnen, wird seltener. Stattdessen reihen sich mehr und mehr kleine Hütten aneinander. Irgendwie fühlt es sich so an, als würde die Ansammlung von Baracken nie enden, denn immer mehr Menschen ziehen in die immer größer werdende Metropole. Weg vom Land, auf der Suche nach Jobs und einem besseren Leben.

Juan trägt eine schwarze Hose und ein schwarzes T-Shirt, er wirkt unscheinbar, seine linke Augenbraue ist gepierct und sein Haar an manchen Stellen schon weiß. Ich habe ihn vor Kurzem bei einem Picknick kennengelernt, zufällig, in einem netten Park in einem der reichen Viertel der Stadt, mit Blick aufs Meer: Er ist hier in Zapallal, im Norden, aufgewachsen, in einer der ärmsten Gegenden. Jetzt zeigt er mir, wie. Auf der stark befahrenen Straße überholt uns ein Laster. Früher, sagt Juan, »haben die uns das Wasser auf so einem Ding gebracht, wir mussten dann immer mit Töpfen hingehen und uns das Wasser für die nächsten Tage holen. Seit zehn Jahren ist das anders, das macht das Leben leichter.«

Heute lebt Juan in Barcelona. Sein Geld verdient er dort als Kellner in einem peruanischen Restaurant. Er ist schon lange in Europa, hat jahrelang illegal in Italien gelebt. Die Toiletten einer Disko geputzt und sich nach oben gearbeitet, war in Deutschland, Brüssel, Frankreich. Nirgends fühlte er sich wirklich wohl, in Spanien hat er dann endlich Papiere bekommen. Ab und zu, wenn das Geld reicht, fliegt er zurück nach Peru und besucht seine Familie in Zapallal, wo er aufgewachsen ist. Ich wollte schon länger mal hierher, aber ein Weißer, der orientierungslos durch die Straßen läuft, fällt auf. Und Auffallen ist hier keine gute Idee, es ist nicht gerade die sicherste Gegend.

Wir stehen an der Haustür von Juans Tante, in einer Seitenstraße in Zapallal. Sie ist mit einem dicken, schwarzen Eisengitter geschützt. Es ist ruhig, ein bisschen hört man die Straße von weiter weg, überall ist Sand. Die Häuser sind klein, fast alle Bungalows mit Blechdächern, davor liegt Schutt. Die Fenster sehen so aus, als könnte man sie einfach aus dem Rahmen schubsen. Kaum einen Meter über ihnen queren hier überall Kabel die Straße, die zum Strommast führen. Die Tür geht auf, Juan küsst seine Tante, sie tauschen ein paar Freundlichkeiten aus, dann: »Das ist Andi, er will die Armen sehen.« Mir bleibt für einen Moment fast das Herz stehen. »Die Armen?«, fragt sie und blickt mich prüfend an. Das Blut schießt mir vor Scham in die Wangen. So war das nicht gemeint. Ich bin für ein paar Monate in Lima, um in einer ziemlich verarmten Gegend bei einer NGO zu arbeiten, die sich um suchtkranke Straßenkinder kümmert. Dort arbeite ich mit den Kindern der Ärmsten der Armen. Ich wollte eben einmal hier rauf, in den Norden, um das riesige Lima besser kennenzulernen. Und jetzt stehe ich, der weiße Europäer, der Reiche, vor seiner Tante und will arme Menschen wie sie treffen. »Hm«, sagt sie, »am besten, ihr fahrt nach Pachacutec.« Kurz bin ich verwirrt, dann merke ich, dass die beiden nicht einmal auf die Idee gekommen wären, seine Tante könnte arm sein. Für mich ist das hier eine der ärmsten Gegenden, die ich in meinem Leben je gesehen habe. Die Tante dagegen denkt, wenn es um Armut geht, an die Leute, die weiter stadtauswärts wohnen und noch viel weniger haben als sie.

Wir gehen ins Haus und drinnen merkt man, dass Juans Verwandte tatsächlich wohlhabender sind als die meisten anderen in der Gegend. Sie leben zwar auf engem Raum, aber besser als die meisten hier. Wir setzen uns in das Wohnzimmer, der Boden ist neu, Parkett, die Decke auch, sie besteht aus kahlem Beton. »Vor drei Jahren war das Dach noch aus Blech«, sagt Juan zu mir, so wie bei vielen anderen Häusern hier. Die hinteren Räume sind nach wie vor sporadisch mit Wellblech gedeckt, durch einen Spalt blitzt die Sonne herein. Das stört nicht wirklich, denn regnen tut es hier fast nie. Der Fernseher ist neu, »55 Zoll«, sagt Juans Tante und fügt kurz darauf hinzu, »den alten haben sie uns geklaut. Ich stand in der Küche und als ich wieder ins Wohnzimmer kam, war er weg.« Die beiden tauschen noch ein paar Nettigkeiten aus, reden über alte Zeiten. Wenn in Österreich Menschen von früher sprechen, dann einigt man sich meist darauf, dass früher alles besser war, das Leben war noch einfacher und das Gras irgendwie grüner. Hier ist das anders.

Juan geht mit mir raus. »Schau«, sagt er, »so kannst du dir das in etwa vorstellen.« Er zeigt auf drei Häuser, die nebeneinander stehen. Links ein ganz kleines, keine zwei Meter hoch, wollte ich hinein, müsste ich mich wohl bücken. Die Außenwände sind Holzbretter, das Dach aus Wellblech. Darauf liegen Platten, damit es nicht wegfliegt, wenn der Wind geht. »So haben hier früher alle gelebt.« In der Mitte steht ein kleines Häuschen, nicht viel höher, aber die Bretter sind lackiert, eine Wand ist aus Ziegeln und weiß bemalt, das Dach aus einem stabileren Blech, geradegebogen, es ist schöner, davor steht ein kleines Mopedauto. »In Häusern wie im linken wohnen hier die Armen, hier die Mittelschicht.« Rechts davon steht noch ein Haus, es ist größer als die anderen beiden zusammen, hat eine echte Tür aus Blech, eine Seite ist weiß, die andere braun gestrichen, die Farbe löst sich schon etwas. Das Haus ist wahrlich nicht schön, in Österreich würde man damit zweifellos als arm gelten, aber in Zapallal ist es schöner als viele andere. Das Dach ist aus festem Beton, Eisenstangen ragen in die Luft, sie symbolisieren Hoffnung, »falls einmal das Geld da ist, und ein zweiter Stock darauf gebaut werden kann.«

Früher, als die Häuser hier noch alle Hütten waren, sagt Juan, seien sie immer »zum Haus mit dem Strom gegangen«, dort habe es einen Kühlschrank gegeben, man konnte Eis kaufen. Es gab kein Telefon, kein Internet, »wenn ich zurückkomme, denke ich manchmal an früher und daran, wie sich hier alles verändert hat.« Viele Leute haben es aus der Armut geschafft, erzählt er, fast alle haben heute Wasserleitungen, von einem Abfluss konnte man damals nur träumen, heute haben alle Handys, Internet, manche Netflix. »Der Generation vor mir fehlte es an den grundlegendsten Dingen des Lebens.« Das ist das Materielle, sagt Juan. Aber es hat sich noch etwas viel Wichtigeres verändert, »heute gibt es Hoffnung. Vor 25 Jahren hat hier niemand daran gedacht, dass eine andere Welt möglich ist, dass man es aus der Armut schaffen kann.« Noch immer gebe es unzählige Probleme, eine riesige Schere zwischen Arm und Reich, hohe Korruption, aber die Leute wissen, dass sich ihr Leben verbessern kann.

Ob es so etwas wie Nostalgie auch in Peru gebe, frage ich ihn, ob die Menschen auch davon sprächen, dass früher das Leben noch einfacher, besser gewesen sei. Juan blickt mich verwundert an. »Wenn ich an meine Eltern denke, war früher alles viel härter. Sie hatten kein heißes Wasser, keine Heizung, kein Bad, sie waren nicht versichert, es gab für sie kein Krankenhaus, nur einen Lehrer für alle Kinder von klein bis groß, sie mussten zu Fuß in die Stadt gehen, nach Lima gingen sie zwei Tage! Auf die Universität gingen damals nur extrem Privilegierte in Peru. Wenn ich an meine Eltern denke, ist mein Leben im Vergleich zu ihnen kinderleicht.«

Im Jahr 1990, als ich geboren wurde, hatten nur 60 Prozent der Haushalte in Peru Strom, heute sind es 95. Nur 74 Prozent hatten Zugang zu sauberem Trinkwasser, heute 86 Prozent. Heute können fast alle Peruaner*innen lesen und schreiben, 99 Prozent, vor

29 Jahren waren es noch 95 Prozent. Wer heute geboren wird, hat eine Lebenserwartung von 75 Jahren, damals waren es 65 Jahre. Die extreme Armut ist von 60 Prozent auf 20 Prozent gesunken. Die Wirtschaftsleistung hat sich verachtfacht, dafür ist der CO_2-Ausstoß pro Kopf heute doppelt so hoch. Damals war die Säuglingssterblichkeit hier noch viermal höher als heute.[117]

Was, wenn das nicht nur in Peru so wäre, wenn nicht nur Juan die Geschichte erzählen könnte, dass heute fast alles besser ist? Wie schön wäre das? Was, wenn das genau die Welt wäre, in der wir leben, und uns nur noch niemand davon erzählt hat?

Die schockierende, erfreuliche Wahrheit

Genau das ist tatsächlich die Welt, in der wir leben. Warum wissen die meisten Menschen nichts davon? Um diese Frage zu beantworten, müssen wir über Medien reden. Gedruckte Zeitungen erzählen den Menschen am Dienstag, was am Montag passiert ist. Aber nicht alles – es muss schon etwas Besonderes sein, etwas Ungewöhnliches, meistens ist es etwas Schlechtes. Wir lesen nicht von den tausenden Flugzeugen, die sicher landen, sondern von dem einen, das abgestürzt ist. Das liegt in der Natur der Sache: Die Zeitung, die mir erzählt, dass in Österreich im Verkehr gestern wieder alles gut verlief, die Krankenhäuser funktionierten, die Nacht ruhig war und alle Flugzeuge in Wien-Schwechat sicher gelandet sind, diese Zeitung würde sich wahrscheinlich nicht besonders gut verkaufen. So verständlich das ist, so sehr ist es auch ein Problem. Denn Medien bestimmen stark mit, wie wir die Welt wahrnehmen. Und wenn wir die Welt über Medien wahrnehmen, die sich auf Dinge konzentrieren, die jetzt gerade passieren, vor allem auf die ungewöhnlichen, meist negativen, dann ist unser Bild von der Welt wohl nicht sehr gut. Wir sehen sie zu negativ und bekommen die großen Trends nicht gut mit. Wir entwickeln vielleicht Angst vor dem Fliegen, obwohl fast nie ein Flugzeug abstürzt. So ähnlich verhält es sich mit dem Rest der Welt. Wenn wir etwas über Länder hören, in denen es noch viel Armut gibt, dann deshalb, weil gerade eine Hungersnot ausgebrochen ist, ein Krieg oder etwas anderes Schreckliches. Wenn die Menschen gesund sind, ist das keine Nachricht, wenn in Südafrika eine AIDS-Epidemie grassiert, schon. Wenn die Menschen genug zu essen haben, ist das keine Nachricht, wenn in Äthiopien Menschen verhungern, schon. Nicht, dass das nicht wichtig ist und nicht, dass ich das nicht in einer Zeitung lesen wollte. Aber mein Bild von der Welt, das so entsteht, wird viel zu negativ sein.

Machen wir also ein Experiment. Nehmen wir an, es ist in den vergangenen 29 Jahren keine einzige Zeitung erschienen. Aliens haben zeitgleich mit meiner Geburt alle Druckerpressen gestohlen und das Internet abgedreht, was auch immer, sucht euch etwas aus. Jedenfalls sind die Leute völlig im Dunkeln darüber, was passiert ist. In der Zeitung von morgen steht also nicht, was heute passiert ist, sondern wir müssen aufrollen, was in diesen ganzen 29 Jahren passiert ist. Dabei machen wir eine Zeitung für die ganze Welt.[118] Wie würden die Schlagzeilen aussehen?

Globale Armut fällt auf das niedrigste Niveau in der Geschichte der Menschheit

Chinas Wirtschaftsleistung explodiert, sie ist 30-mal so groß wie noch 1990

Medizin macht riesige Fortschritte: ig Millionen Kinder gerettet!

Die Menschen werden immer älter, die Lebenserwartung ist um sieben Jahre gestiegen

16 neue Demokratien in Afrika

Milliarden Menschen haben erstmals Zugang zum Internet

Bildungswunder: noch nie konnten so viele Menschen lesen und schreiben wie heute.

Osteuropa befreite sich aus dem Joch des Kommunismus

Schere zwischen Arm und Reich geht in vielen Ländern drastisch auf

Klimakrise eskaliert

Über Österreich liest man in dieser Zeitung wohl nichts. Denn die großen Entwicklungen haben nicht in reicheren Ländern stattgefunden. Ja, wir sind der EU beigetreten, wir arbeiten und leben heute etwas anders, haben Smartphones. Der Alltag ist schneller geworden, oft unübersichtlicher, aber das Leben hat sich nicht grundlegend verändert. In großen Teilen der Welt aber schon. Wer einen Blick auf die Zahlen wirft, merkt: Die Geschichte Juans, das Wasser, das sie jetzt nicht mehr mit Töpfen nach Hause tragen müssen, der Strom, den es endlich gibt, die besser gebildeten Kinder, das ist nicht nur in seinem Viertel in Lima so, sondern das ist Realität in fast allen Teilen dieser Welt. Blickt man nur auf die Menschen, und nicht darauf, was mit der Umwelt passiert, dann gibt es aus den vergangenen 29 Jahren fast nur gute Nachrichten zu erzählen. Schauen wir uns das noch genauer an.

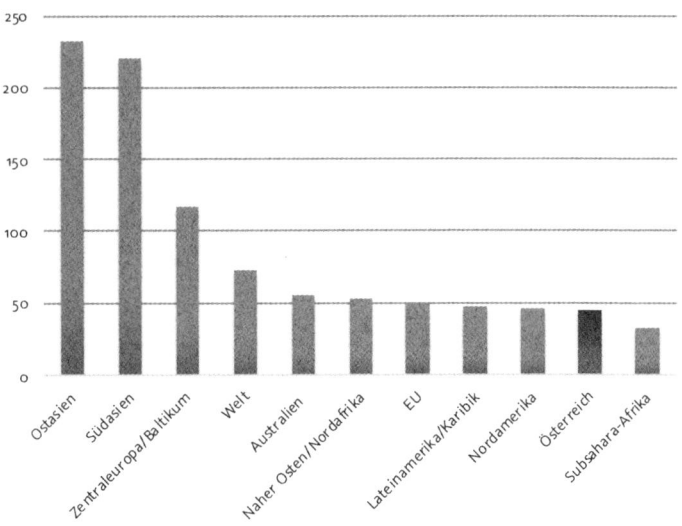

Abb. 6:   Anstieg der Wirtschaftsleistung in Prozent pro Kopf 1990–2017 (Quelle: Weltbank)

Im zweiten Kapitel haben wir gelernt, dass es in Österreich fast keine extreme Armut mehr gibt, weil die Wirtschaft des Landes seit 200 Jahren jedes Jahr ein bisschen wächst. (Das alleine reicht natürlich noch nicht, das Geld könnten sich auch einfach ein paar Milliardäre schnappen. Aber es gibt unter anderem einen Sozialstaat und Gewerkschaften, die sich für höhere Löhne für alle einsetzen.) Die Wirtschaft Österreichs hat auch in den vergangenen 29 Jahren nicht aufgehört zu wachsen. Pro Kopf wird sogar um 45 Prozent mehr produziert als zu der Zeit, als ich geboren wurde. Damit liegt Österreich in etwa im Schnitt der EU und Nordamerikas. Die reichsten Länder der Welt wachsen im Großen und Ganzen im Gleichschritt, weil es dort fast überall gute Bedingungen gibt, damit Ideen und Erfindungen aus anderen Ländern relativ rasch übernommen werden. Auch die lateinamerikanische Wirtschaftsleistung pro Kopf ist seit 1990 um 47 Prozent gestiegen. Das ist gut, weil es vielen Menschen ein besseres Leben ermöglicht, aber gleichzeitig eigentlich relativ wenig. Denn Länder, die weit vom Wohlstandslevel reicher Länder wie Österreich oder den USA entfernt sind, haben eigentlich viel größeres Wachstumspotenzial. Lateinamerika müsste also eigentlich aufholen, hält aber nur den Abstand konstant.

Anders ist es in Süd- und in Ostasien, wo das BIP pro Kopf jeweils um deutlich über 200 Prozent gewachsen ist. Das ist eine unglaubliche Entwicklung, die hunderte Millionen Menschen in China und Indien aus der Armut geholt hat. Vietnams Wohlstand pro Kopf hat sich fast vervierfacht, derjenige Sri Lankas verdreifacht und der Malaysias mehr als verdoppelt. Auch in Zentraleuropa hat sich das BIP pro Kopf mehr als verdoppelt (plus 117 Prozent). Länder wie Polen, Tschechien oder Ungarn haben sich seit dem Ende des Kommunismus ökonomisch sehr gut entwickelt. Am enttäuschendsten sind die Statistiken aus Subsahara-Afrika, dort ist das BIP pro Kopf seit meiner Geburt nur um 33 Prozent gestiegen. Das ist eine vertane Chance. Die Region ist mit Abstand am ärmsten und hat damit auch mit Abstand das größte Potenzial, um sehr hohe Wachstumsraten zu erzielen. Und trotzdem ist sie wirtschaftlich im Vergleich zu Österreich sogar noch weiter zurückgefallen. Das Ganze ist aber auch eine Frage der Perspektive. Denn lange gab es auf dem ganzen Subkontinent überhaupt kein Wirtschaftswachstum, seit 1990 immerhin 1,2 Prozent pro Jahr. Das ist im Vergleich nicht sehr viel, aber doch eine Weiterentwicklung. Vor allem gibt es dort auch Länder wie Burundi, die Demokratische Republik Kongo oder Simbabwe, die heute sogar ärmer sind als zu der Zeit, als ich geboren wurde. Es sind vor allem jene Länder, in denen es Kriege oder Konflikte gibt oder die von katastrophalen Diktatoren regiert werden, deren Wirtschaft nicht wächst oder sogar schrumpft. Das ist übrigens auch in einigen anderen Ländern der Fall, die nicht zur Ruhe kommen, etwa im Jemen, in Venezuela oder in Tadschikistan. Dort, wo es Stabilität gibt, wächst meistens die Wirtschaft, wenn auch langsam. Wie hat sich in der Zeit die Armut entwickelt?

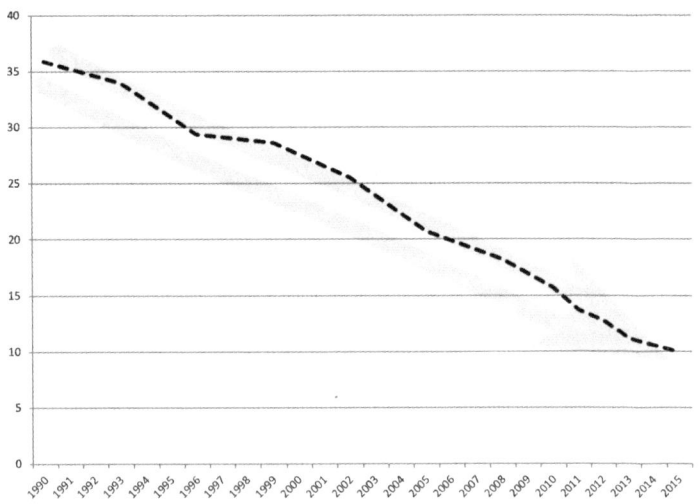

Abb. 7:   Anteil der Weltbevölkerung, der in extremer Armut lebt, in Prozent (Quelle: Weltbank)

Das ist eine der coolsten Grafiken der Welt. Denn sie zeigt nichts anderes, als dass die Menschheit drauf und dran ist, die extreme Armut zu besiegen. 2015 lebten noch knapp zehn Prozent der Menschen in extremer Armut. Als ich geboren wurde, waren es noch 36 Prozent. Noch nie in der Geschichte der Menschheit haben anteilsmäßig so Wenige in extremer Armut gelebt wie heute. Den stärksten Rückgang verzeichnet China, dort ist die extreme Armut in 25 Jahren von über 66 Prozent auf 0,7 Prozent gefallen. Das muss man sich einmal auf der Zunge zergehen lassen. Die fulminante Entwicklung der chinesischen Wirtschaft ist wohl das erfolgreichste Armutsbekämpfungsprogramm, das die Welt je gesehen hat.

Extreme Armut wird von der Weltbank so definiert, dass ein Mensch weniger als einen Dollar neunzig am Tag hat. China ist aber bei Weitem nicht das einzige Land, in dem sich die Situation stark bessert. Auch in fast allen anderen Ländern Asiens geht es steil bergauf, weil sich die Ökonomien gut entwickeln, die Länder bessere Politik machen, es mehr Sozialprogramme gibt und NGOs tolle Arbeit leisten. In Indonesien ist die extreme Armut von 59 Prozent auf sechs Prozent gesunken und in Bangladesch von 44 Prozent auf 15 Prozent. Weil sich die Situation auch in Süd- und Mittelamerika stark gebessert hat, wird extreme Armut zunehmend afrikanisch. So waren 1990 15 Prozent der Menschen, die in extremer Armut lebten, in Subsahara-Afrika zuhause. 2015 waren es schon 57 Prozent. Das liegt aber nicht daran, dass die Armut in Afrika steigt – das Gegenteil ist der Fall: Sie ist auch dort um etwa ein Viertel gesunken. Nur sinkt sie in anderen Gegenden der Welt, vor allem in Asien, wesentlich schneller, sodass die afrikanischen Länder quasi in der Statistik »überbleiben«. Obwohl sich die Situation auch dort bessert, sind noch immer mehr als vier von zehn Menschen in Subsahara-Afrika extrem arm, in der Demokratischen Republik Kongo und der Zentralafrikanischen Republik sind es sogar acht von zehn Menschen.[119] Wenn man die Gruppe der extrem Armen noch einmal aufschlüsselt, zeigt sich, laut einer

Studie von Martin Ravallion, dass die Allerärmsten der Welt von den positiven Entwicklungen weniger profitiert haben.[120]

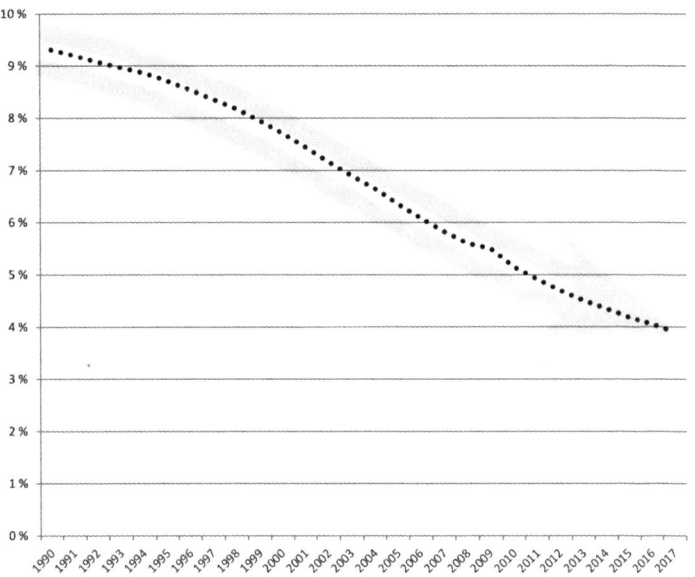

Abb. 8:   Anteil der Kinder, die vor ihrem fünften Geburtstag sterben, in Prozent (Quelle: Weltbank)

Dass Kinder vor ihren Eltern sterben, ist in Österreich zum Glück selten geworden, aber in ärmeren Ländern kommt das leider bis heute viel zu häufig vor. Oft sind die Strukturen der Gesundheitsversorgung sehr schlecht. Viele sterben bei der Geburt oder wenig später an Krankheiten, oft an simplen Sachen wie Durchfall. Die gute Nachricht ist aber: Immer weniger Eltern müssen um ihre Kinder trauern. 1990 sind weltweit neun Prozent der Kinder gestorben, bevor sie ihren fünften Geburtstag feiern konnten. Heute liegt der Wert bei vier Prozent, also bei weniger als der Hälfte. Das ist ein absolut sensationeller Erfolg im Kampf um ein gutes Leben für alle. Das Erstaunliche ist, dass es auch in Ländern, in denen sonst nicht sehr viel funktioniert und die von Krisen und Konflikten gebeutelt sind, enorme Fortschritte gibt. In Afghanistan ist der Wert von 18 Prozent auf sieben Prozent gesunken, fast ein Drittel. In Somalia von 18 auf 13 Prozent. Auch an sehr konfliktreichen Orten dieser Welt gibt es also weniger Leid für Familien. Der wichtigste Grund dafür sind Impfungen, meint Rainer Sauerborn, Professor emeritus für Globale Gesundheit an der Universität Heidelberg. Viel davon gehe auf das Konto vorbeugender Maßnahmen. Auch in einem Land, das wenig Strukturen hat, lässt sich mit Hilfe von internationalen Organisationen impfen. Die Krankenhäuser sind also nicht zwingend besser, sondern man verhindert von vornherein, dass die Menschen sie brauchen. Laut dem verstorbenen Gesundheitsprofessor Hans Rosling sind heute bereits 80 Prozent der einjährigen Kinder auf der Welt gegen eine Krankheit geimpft.[121] Auch Durchfall sei ein großer Killer, sagt Sauerborn. Wenn Organisationen kleine Päckchen mit einer Mischung aus Wasser, Zucker und Kochsalz verteilen, kann das Betroffenen oft schon das Leben retten. Das verhindert, dass der Körper austrocknet.

Ein weiterer Fortschritt sei laut Sauerborn bei der Katastrophenhilfe gemacht worden. Wenn Hungersnöte ausbrechen, sei heute im Nu eine Organisation da. Sauerborn sieht das generell als einen der großen Erfolge der internationalen Zusammenarbeit zwischen multilateralen Organisationen, Regierungen im Westen und lokalen Vertreter*innen. »Jetzt, wo Trump die internationale Zusammenarbeit gefährdet, muss man einmal erwähnen, was für ein Kraftakt das war, was alles erreicht worden ist! In jedes Land, in jeden Distrikt ist man gegangen und hat verfolgt, wie sich die Säuglingssterblichkeit entwickelt.« Ein weiteres Beispiel für den Erfolg findet sich noch weiter in der Vergangenheit: die Ausrottung der Pocken, einer scheußlichen Krankheit, an der noch vor nicht allzu langer Zeit zahllose Menschen starben. In den 1960ern steckten sich jedes Jahr zehn bis 15 Millionen Menschen auf der Welt an, 1967 begann die Weltgesundheitsorganisation mit einem massiven Impfprogramm, der letzte Ausbruch wird für 1977 datiert und, weil der Erreger nur von Mensch zu Mensch übertragen wird, wurde die Krankheit 1980 für ausgerottet erklärt. 100 Millionen Dollar dafür kamen aus der Entwicklungshilfe, 200 Millionen Dollar von ärmeren Ländern selbst.[122] Aber auch reiche Länder machen Fortschritte in der Gesundheit, in Österreich sterben heute 0,4 Prozent der Kinder vor ihrem fünften Geburtstag. Als ich geboren wurde, war es noch ein Prozent. Vielleicht ist ja die »gute alte Zeit« auch bei uns gerade die Gegenwart? Blicken wir auf eine weitere Statistik.

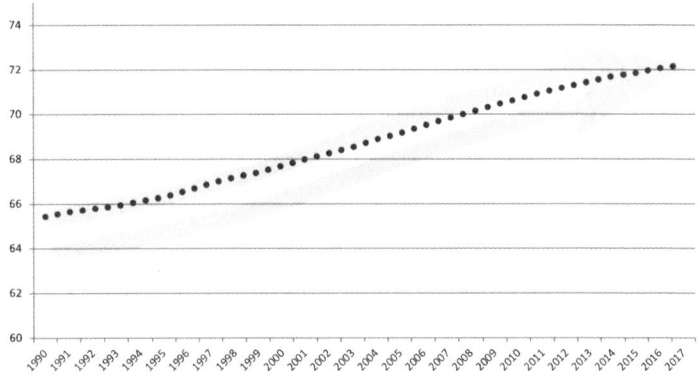

Abb. 9:   Lebenserwartung bei der Geburt in Jahren (Quelle: Weltbank)

Wie alt wird ein Mensch im Schnitt, der heute geboren wird? Immer älter. Auch ein Blick auf die Lebenserwartung spiegelt die enormen Fortschritte, die die Welt im Gesundheitsbereich gemacht hat. Ein heute geborenes Baby kann statistisch davon ausgehen, dass es 72 Jahre alt wird. Als ich auf die Welt kam, lag der Wert noch bei 65. In den 29 Jahren, die ich auf der Welt bin, haben wir im Schnitt sieben Jahre dazugewonnen. Milliarden Menschen können dank großer Fortschritte ein Leben führen, in dem sie mehr Zeit mit ihren Enkeln, Kreuzworträtseln und Spaziergängen verbringen können. Weil wir in den vorigen Kapiteln viel über die

Geschichte gesprochen haben, werfen wir kurz einen weiten Blick zurück. In das Österreich vor dem Ersten Weltkrieg, also genauer gesagt in das Gebiet, auf dem Österreich heute liegt. In einigen Teilen hatte sich schon eine Industrie entwickelt, in Vorarlberg, im Wiener Becken und in der Obersteiermark. Die Wirtschaftsleistung war deutlich höher, als sie heute in den meisten Ländern Afrikas ist. Die Lebenserwartung damals? 45 Jahre! Die Kindersterblichkeit? 30 Prozent! Ein Punkt, auf den Charles Kenny in seinem Buch »Getting Better« immer wieder zurückkommt: Auch wenn es noch immer viel Armut auf der Welt gibt, das Leben in den meisten ärmeren Ländern ist heute besser als je zuvor – und auch deutlich besser, als es in den heute reichen Ländern in Zeiten großer Armut in der Vergangenheit war. Wenn wir wieder Somalia als Vergleich heranziehen: Dort beträgt die Lebenserwartung heute 57 Jahre. Das ist noch immer viel zu niedrig, aber viel höher – nämlich zwölf Jahre höher –, als in Österreich im Jahr 1910. Obwohl das Land damals geschätzt schon etwa zehnmal so reich war wie Somalia heute.[123] Wie sieht es bei der Bildung aus?

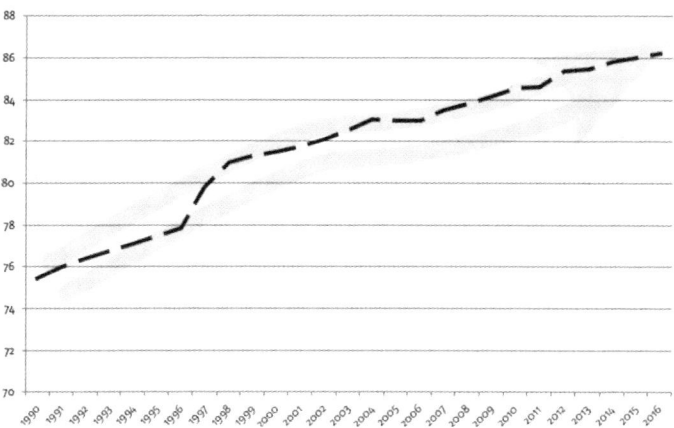

Abb. 10:   Alphabetisierungsgrad der Weltbevölkerung in Prozent
(Quelle: UNESCO)

Noch nie konnten auf der Welt so viele Menschen lesen und schreiben wie heute. Das zeigen Daten der UNESCO. Als ich geboren wurde, lag der Anteil an Analphabet*innen noch bei einem Viertel der Weltbevölkerung. Bis 2016 ist er auf ein Siebtel gesunken, auf 14 Prozent. Ein erstaunlicher Anstieg der Alphabetisierung, der hunderten Millionen Menschen die Teilnahme an einer modernen Gesellschaft ermöglicht. Auch wenn es besser wird, gibt es hier aber noch immer enorme Probleme. Lange war man darauf fokussiert, Kinder überhaupt einmal in die Schule zu bekommen. Das ist zum Großteil geschafft, sagt Susannah Hares vom Center for Global Development, einer Denkfabrik. Selbst unter den Ärmsten in ärmeren Ländern gehen heute 90 Prozent der Kinder in die Volksschule. Ob sie dort aber etwas lernen, ist eine andere Frage. Hares berichtet von Pakistan, wo die Hälfte der Kinder in der fünften Klasse nicht einmal die Aufgaben der Zweitklässler*innen schaffen. Sie könnten keinen ganzen Satz lesen oder Plusrechnen, sagt sie. Davon seien nicht nur Arme betroffen, sondern auch Kinder aus besser situierten Familien.

Ein gutes Schulsystem aufzubauen ist komplex. Hier lassen sich nicht so einfach Fortschritte machen wie im Gesundheitsbereich. Um einem Kind Lesen und Schreiben beizubringen, gibt es keine Impfung. Ein Fortschritt ist aber, sagt Hares, dass Mädchen in fast allen Ländern gegenüber Buben aufholen. Im Westen sind Mädchen fast überall besser in der Schule, der Rest der Welt nähert sich dem langsam an. Was aber dann nicht heißt, dass sie später im Leben die gleichen Chancen haben. In Indien sind 14-jährige Mädchen genauso gut in Mathematik wie Buben, sagt Hares, sie hätten es im Berufsleben aber dann um ein Vielfaches schwerer.

Rainer Sauerborn von der Uni Heidelberg sagt, es sei trotzdem ein großer Gewinn, dass viele ärmere Kinder überhaupt in Kontakt mit Schulen kommen. Die Politik müsse die Qualität des Unterrichts dann mit der Zeit steigern. Auch wenn die Klassenräume nicht sehr toll sind und dort 80 Schüler*innen sitzen, sei das besser als keinen Zugang zu Unterricht zu haben. Klar ist, die Welt ist, auch was Bildung betrifft, heute eine völlig andere, als sie es 1990 war, nämlich eine deutlich bessere. Und Wasser und Strom?

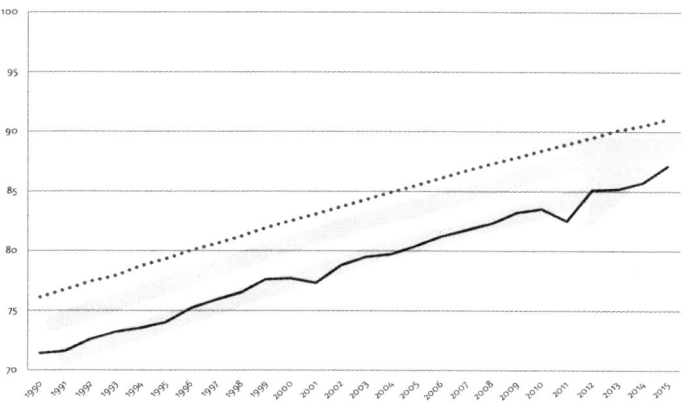

Abb. 11:   Zugang der Weltbevölkerung zu verbesserten Wasserquellen (···) und Elektrizität (–) in Prozent (Quelle: Our World in Data)

Stell dir für einen Moment dein Leben ohne Strom vor. Du hast keinen Kühlschrank, in dem du Essen aufbewahren kannst, kein Licht, wenn es dunkel wird, keinen Fernseher, um dich zu unterhalten. Immer weniger Menschen auf der Welt leben unter diesen Bedingungen. Nur mehr knapp 13 Prozent der Menschen auf der Welt haben keinen Zugang zu Elektrizität. Als ich geboren wurde, waren es noch 29 Prozent. Was für einen Fortschritt diese Zahlen widerspiegeln: Viele Millionen Haushalte wurden ans Stromnetz angeschlossen, Schüler*innen können abends besser für die nächste Prüfung lernen und Familien die Mahlzeit von heute auch morgen noch frisch zu sich nehmen. So wie Juan, der früher in Zapallal zum Haus mit dem Kühlschrank gehen musste, ging es vor Kurzem noch viel mehr Menschen, als das heute der Fall ist. Im selben Ausmaß ist etwa der Zugang zu Anlagen mit sauberem Trinkwasser gestiegen, auf 91 Prozent. Wie sieht es mit der Politik aus?

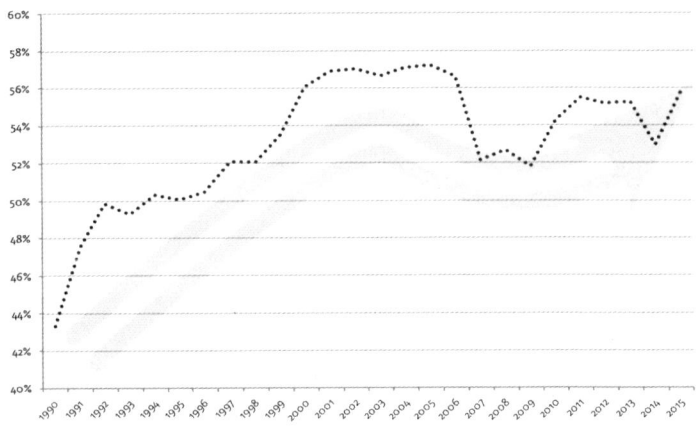

Abb. 12:   Anteil der Weltbevölkerung, der in einer Demokratie lebt, in Prozent
(Quelle: Our World in Data)

Ich schreibe viel über Arm und Reich. Das ist eine Frage, die stark
mitentscheidet, ob man ein gutes Leben führen kann. Sie ist aber
bei Weitem nicht alles. Denn genug Geld zu haben bringt wenig,
wenn man Angst davor haben muss, wegen eines Facebook-Posts
eingesperrt zu werden oder man nicht gegen Politik, die man
schlecht findet, auf die Straße gehen kann. Wie hat sich das entwickelt, seit ich geboren wurde? Ebenfalls zum Positiven, aber die
vergangenen Jahre und die Entwicklungen etwa in den USA, in
Brasilien, in Ungarn und in Polen nehmen dem Ganzen, sagen
wir, den Glanz. Anders als die Zahlen über Armut oder zum Zugang zu Wasser und Strom geht es hier nicht überall in die richtige Richtung. Aber der Reihe nach. Wenn man die Zahlen von
1990 und von 2017 vergleicht, dann erzählen auch die Daten zur
Demokratieentwicklung eine gute Geschichte. Als ich geboren
wurde, lebten etwa 43 Prozent der Menschen auf der Welt in einer
Demokratie. Heute sind es 56 Prozent.[124] Die Daten sind vom Polity IV-Projekt vom Center for Systemic Peace. Länder erhalten
zum Beispiel Punkte dafür, dass die Macht der Regierung einge-

schränkt ist und es Wettbewerb zwischen Parteien gibt. Ab 17 von
21 Punkten gilt ein Land als Demokratie. »Wenn wir auf das große
Ganze schauen, ist die Conclusio der vergangenen drei Jahrzehn-
te positiv«, sagt José Martí vom Global Democracy Project, einem
unabhängigen Netzwerk von Wissenschaftler*innen, die zum
Thema Demokratisierung forschen. »Viele haben aber geglaubt,
dass wir heute schon viel weiter sein würden.« Afrika sei zwar der
»undemokratischste« Kontinent, aber der Vergleich mache sicher:
1990 war er deutlich undemokratischer, damals gab es dort nur
zwei Demokratien, Botswana und Namibia, in Südafrika etwa
noch das Apartheidregime. Heute gibt es in Afrika 18 Demokratien.[125] Auch wenn China ein totalitäres Regime sei, gebe es dort
mehr Grund zur Hoffnung als in den 1990ern. Martí sagt, es gibt
dort eine breite Mittelschicht, das sei eine Grundvoraussetzung
für die Demokratie. In den 1990ern war China noch vor allem
ländlich, die Leute hätten keinen Zugang zu Information gehabt.
Das sei heute anders.

Es gibt laut Martí drei Dinge, die sehr wichtig für eine demokratische Entwicklung sind: mehr Einkommen, mehr Bildung und
mehr Information. Von allen dreien gebe es in China heute mehr.
Auch wenn die staatliche Propaganda Letzteres schwer macht. Allgemein ist Asien für Martí der Kontinent, auf dem es die klarsten
demokratischen Fortschritte gebe. Auch wenn einige Ausnahmen,
wie zum Beispiel Nordkorea, Myanmar und die Philippinen, die
Regel bestätigen würden. Die USA und Europa hätten mit Popu-
list*innen zu kämpfen, aber die Demokratie stehe jedenfalls besser
da als in den 1990ern. Es gebe viel mehr Bewusstsein in der Bevölkerung, viel mehr Bewegungen und Proteste. Historisch gesehen
sei die Demokratie immer in der Krise gewesen und habe sich langfristig immer verbessert. Wenn man in die Zukunft blicke, könne
man nur positiv sein. Die Leute werden wohlhabender und wer
einen gewissen Lebensstandard erreicht habe, toleriere nicht mehr,
dass eine kleine Gruppe die ganze Macht habe. Ich hoffe, dass Martí recht behält. Sehen wir uns noch eine letzte Statistik an: die Zahl

der Menschen, die auf der Welt leben. Weil sie immer wieder für Aufregung sorgt, widme ich mich ihr noch im Detail.

Sind wir zu viele?

Ich habe einmal im »Standard« einen Artikel darüber geschrieben, dass das Leben der meisten Menschen auf der Welt immer besser wird. Dabei habe ich einige Statistiken zitiert, die auch hier in diesem Kapitel aufgelistet sind. Daraufhin schrieb mir ein Leser:

Wir Menschen sind einfach zu viele. Die meisten Probleme gehen wie durch Zauberei weg, wenn wir nur noch halb so viele wären. Aber das ist tatsächlich eines der letzten Tabus, das wir haben. Darüber spricht man nicht!

Ich denke nicht, dass das ein Tabu ist. Mein Eindruck ist, dass diese Ansicht sogar weitverbreitet ist: Auf der Welt leben viel zu viele Menschen, es werden immer mehr, und das ist ein riesiges Problem. Sprechen wir also darüber.

Fangen wir mit einem Blick auf die Zahlen an. Die Zahl der Menschen auf der Welt steigt enorm an. Derzeit gibt es mehr als

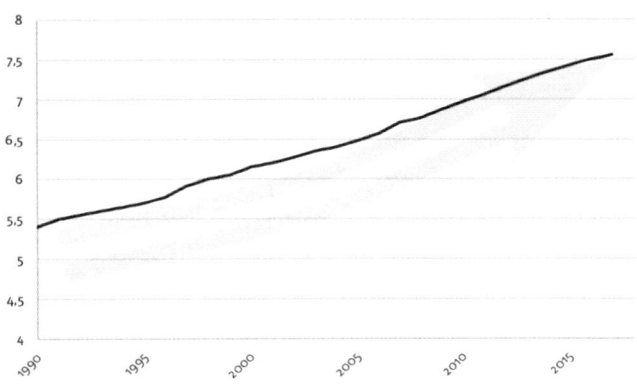

Abb. 13:   Weltbevölkerung in Milliarden (Quelle: Our World in Data)

7,5 Milliarden Menschen. Seit ich geboren wurde, sind über zwei Milliarden dazugekommen. Es ist diese steil nach oben führende Linie, die viele Menschen nervös macht. Warum steigt die Weltbevölkerung so stark an? Was auf der Welt passiert, verläuft nach einem altbekannten Muster. Die längste Zeit der Geschichte blieb die absolute Zahl der Weltbevölkerung relativ konstant. Frauen bekamen sehr viele Kinder, ein paar davon überlebten, wurden aber nicht alt, weil sie krank oder erschlagen wurden. In den heute reichen Ländern änderte sich das schon vor längerer Zeit. Die Waage kam aus dem Gleichgewicht. Als Seuchen zurückgingen und der Wohlstand zunahm, sank die Sterberate – die Menschen waren besser ernährt, gebildeter und gesünder –, und mit Verzögerung auch die Zahl der Kinder, die auf die Welt kamen. Den Prozess, in dem zunächst weniger Menschen sterben, aber noch viele Kinder geboren werden, nennt man »demografischen Übergang«. In dieser Phase gerät die Waage aus dem Gleichgewicht, die Bevölkerung nimmt stark zu. »Aus dem Gleichgewicht« klingt zwar negativ, heißt aber nichts anderes, als dass weniger Menschen sterben. Global gesehen sind noch viele Länder mitten in diesem Übergang. Dabei ist er für die Welt als Ganze kurz vor seinem

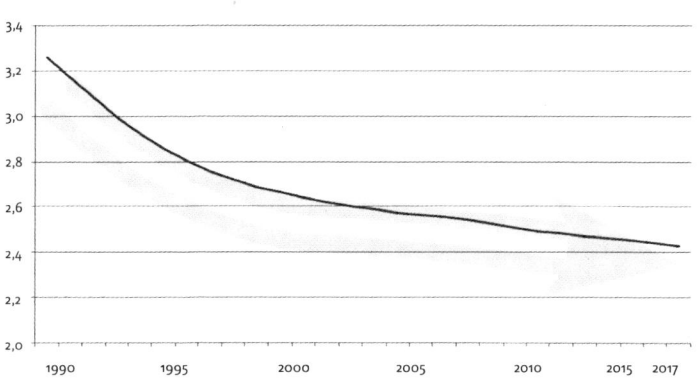

Abb. 14: Geburtenrate in Kindern pro Frau (Quelle: Our World in Data)

Ende, wir sind auf dem Weg zu einem tatsächlich erstrebenswerten Gleichgewicht. Das verrät ein Blick auf die Geburtenrate.

Die Zahl der Geburten sinkt stark, sie ist in den vergangenen 29 Jahren von 3,2 auf 2,4 Kinder pro Frau zurückgegangen. Warum bekommen die Menschen auf der Welt immer weniger Kinder? Der Demograf Wolfang Lutz, er berät UNO-Generalsekretär António Guterres zum Thema, macht vor allem bessere Bildung dafür verantwortlich. Auch in Europa habe man lange nicht geplant, wie viele Kinder man haben wollte. Die seien einfach gekommen, weil man Sex gehabt habe. Die Idee, dass man die Zahl der Kinder in der Ehe beschränke, sei eine moderne Einstellung aus dem 20. Jahrhundert. Außerdem müsse es vorteilhaft sein, weniger Kinder zu bekommen. Wenn Familien von einfacher Landwirtschaft lebten, sei viel Nachwuchs als potenzielle Arbeitskraft erwünscht. Wirtschaftlicher Wandel und Urbanisierung – in der Stadt bringen Kinder weniger Nutzen – senkten die Geburtenrate. Dazu komme, dass es akzeptable Methoden zur Familienplanung brauche, und gerade da habe es enorme Verbesserungen gegeben.

Wenn die Geburtenrate bei 2,1 Kindern pro Frau liegt, ist das Gleichgewicht erreicht. Wir sind mit 2,4 kurz davor. Heißt das, dass wir bei circa 7,5 Milliarden Menschen bleiben? Nein. Weil die Kinder, die schon geboren sind, erwachsen und älter werden, statistisch noch »dazukommen« – früher wären sie gestorben und damit aus der Statistik gefallen. Die Bevölkerung wächst also nicht deshalb, weil es mehr Kinder, sondern weil es mehr Erwachsene gibt. Der schwedische Professor Hans Rosling nannte das einen »Auffülleffekt«. Die UNO schätzt, dass im Jahr 2100 circa elf Milliarden Menschen auf der Erde leben werden; Lutz geht davon aus, dass der Gipfel niedriger ausfallen wird. Dass die Weltbevölkerung steigt, ist in erster Linie eine sehr positive Entwicklung. Das ist der Grund, warum ich mich so ärgere, wenn darüber geklagt wird. Die meisten Menschen bekommen so viele Kinder, wie sie möchten. Weil sie Perspektiven haben, entscheiden sich immer mehr für kleine Familien, viel weniger ihrer Kinder sterben zu früh, immer weniger Eltern müssen um ihre Kinder trauern. Ganz zu Ende erzählt ist die Geschichte damit aber noch nicht. Lass mich noch auf drei Punkte eingehen, die bei diesem Thema immer wieder kommen.

Punkt eins: Wäre es nicht einfacher, Armut zu bekämpfen, wenn es weniger Menschen gäbe? Nun ja. Die Menschen sind schon alle auf der Welt, und jede/r, der/die meint, es gebe zu viele von ihnen, muss auch sagen, wie er oder sie das zu ändern gedenkt. Wer genau ist zu viel? Der Anteil jener Menschen, die extrem arm und unterernährt sind oder nicht lesen und schreiben können, ist massiv zurückgegangen – und zwar besonders stark in der Zeit, in der die Weltbevölkerung massiv zugenommen hat. Es ist weniger so, dass viele Kinder zu Armut führen, sondern eher Armut zu vielen Kindern. Letzteres ist die Grundaussage der Forscher Abhijit Banerjee und Esther Duflo. Zwar gab es lange die These des Ökonomen Gary Becker, die besagt, dass mehr Kinder dazu führten, dass sich diese schlechter entwickelten. Neuere Studien bestätigen das aber nicht, schreiben Banerjee und Duflo.[126]

Punkt zwei: Ist das Problem nicht schlicht Afrika, wo die Geburtenrate am höchsten ist? Der Pin-Code der Welt ändert sich. So hat es Hans Rosling ausgedrückt. Derzeit lautet er 1-1-1-4: jeweils eine Milliarde Menschen in Amerika, Europa, Afrika, und vier in Asien. Am Ende des Jahrhunderts wird der Code vielleicht 1-1-4-5 lauten: Asien wächst noch ein bisschen, Afrika vervierfacht sich. Ist das jetzt »schlimm«? Einerseits ist es »normal«, denn Subsahara-Afrika steht mit einer Geburtenrate von fünf noch am Anfang des demografischen Übergangs. Indiens Bevölkerung hat sich seit dem Zweiten Weltkrieg vervierfacht, und der Lebensstandard im Land ist gleichzeitig stark gestiegen. Dasselbe gilt für Bangladesch. Obwohl sich die Situation in vielen afrikanischen Ländern deutlich bessert, ist die Lage politisch oft noch prekär. Die Bevölkerung instabiler Staaten wie jene Nigerias oder der Demokratischen Republik Kongo soll sich laut Prognosen bis zum Jahr

2100 vervierfachen. Der Demograf Wolfgang Lutz meint dazu, dass manche Länder in einem Teufelskreis gefangen seien. Eine chaotische Regierung, die nicht in Bildung investiere, führe dazu, dass die Bevölkerung besonders schnell wachse, und das bringe dann noch mehr Chaos. Viele Junge, die sähen, wie gut es Menschen anderswo gehe, die aber selbst keine Jobs fänden, brächten Unruhe. Mauritius etwa zeige einen Ausweg: Das Land sei in den 1960ern das Paradebeispiel einer Armutsfalle gewesen, schlimmes Elend, Umweltzerstörung, starkes Bevölkerungswachstum. Dann habe es Kampagnen zur Alphabetisierung von Frauen gegeben, die Geburtenrate sei schnell zurückgegangen, und heute sei es eines der reichsten Länder Afrikas.

Punkt drei: die Klimakrise. Wie sollen wir mit so vielen Menschen nachhaltig leben? Ich finde, das ist ganz einfach. Die Lösung der Klimakrise sind nicht weniger Menschen, sondern weniger Menschen, die auf Kosten unserer Zukunft leben. Sonst wäre Österreich im Moment auch »überbevölkert«, denn wir verbrauchen im Gegensatz zu allen ärmeren Ländern viel mehr Ressourcen, als wir dürften. Wer ist jetzt zu viel auf der Welt? Die Hälfte der gesamten CO_2-Emissionen der Menschheit verantworten die USA und die EU-Staaten. Eine Welt, in der alle so wie wir leben, ist nicht nachhaltig, das stimmt.[127] Aber nicht einmal eine Welt, in der nur wir so leben, wie wir eben derzeit leben, ist nachhaltig. Schafft der Westen den Umschwung, ist er Vorbild für den Rest der Welt – und hat dann Technologien, die es den anderen einfacher machen. In Europa sind unser Lebensstil, unsere Wirtschaft und Politik das Problem, in anderen Teilen der Welt mangelnde Perspektiven und zu wenig Bildung. Darüber sollten wir reden – und nicht darüber, ob die Ressourcen dieses Planeten für eine beliebig große Zahl von Menschen reichen oder nicht. Untergangsszenarien sind populär, viele Menschen schwelgen in Erinnerungen an die vermeintlich »gute, alte« Zeit. Wie wir in diesem Kapitel aber gesehen haben, gibt es sehr viel Grund für Optimismus. Eine Zeitung, die über die vergangenen 29 Jahre berichten müsste, wäre wesentlich angenehmer zu lesen als die, die du sonst in den Händen hältst. Vieles auf der Welt wird besser – aber noch längst ist nicht alles gut. Wie Juan gesagt hat: Es gibt Hoffnung. Für die Menschen in Lima, aber auch in fast allen anderen Regionen der Welt. Als Nächstes beschäftige ich mich damit, wie die Politik Armut bekämpfen kann – und wie nicht.

Was ich gelernt habe

+ Seit ich geboren wurde, ist das Leben für sehr viele Menschen auf der Welt immer besser geworden. Es ist längst noch nicht alles gut, aber vieles wird immer besser. Der durchschnittliche Mensch auf der Welt ist heute reicher, besser gebildet, gesünder und lebt wahrscheinlicher in einer Demokratie als noch 1990.

Wie du dich weiter informieren kannst

i Das Buch »Factfulness« von Hans Rosling ist eine gute Einführung in globale Trends. Schau dir die Website »Our World in Data« an, sie zeigt globale Trends anhand von Statistiken. Folge @MaxCRoser auf Twitter, er hat die Seite gegründet.

i Das Buch »Getting Better« von Charles Kenny fasst toll zusammen, warum das Leben in ärmeren Ländern heute besser ist. Du kannst auch den Podcast »Future Perfect« von Vox.com hören, er zeigt Lösungen für wichtige Fragen der Welt auf.

Was du machen kannst

☞ Zeitungen und Online-Medien geben uns ein allzu negatives Bild von der Welt. Wenn du umfassendere Informationen willst, kannst du öfters zu Magazinen wie der »Zeit« oder dem »Economist« greifen (meine absoluten Lieblinge) – oder deine Zeit lieber einem Buch widmen (machst du ja auch gerade!).

☞ Wenn du dir ein genaueres Bild von der Welt machen willst, eignen sich längere Reisen besonders gut. Frag Leute dort vielleicht einmal, ob »früher alles besser« war.

5. Politik rettet die Welt:
Einige Vorschläge

Stell dir Folgendes vor. Du machst dich auf den Weg zur Uni und kommst an einem Teich vorbei. Du siehst, wie ein Kind ins Wasser fällt, es gerät in Panik und kann offenbar nicht schwimmen. Hilfst du ihm? Was für eine Frage. Und wenn dabei deine Kleidung nass und schlammig wird und du danach zurück nach Hause musst, um dich umzuziehen und zu waschen und so deine erste Vorlesung des Tages verpasst? Und was, wenn jemand anderer am Teich vorbeigeht und genauso in der Lage wäre, das Kind zu retten, es aber nicht tut? Einfach weitergeht und nichts unternimmt? Macht das einen Unterschied? Natürlich macht es keinen, wir helfen und wir haben die moralische Verpflichtung dazu. Und wenn das Kind nicht auf deinem Weg zur Uni zu sterben droht, sondern in einem anderen Land, es nicht ertrinkt, sondern zu sterben droht, weil es arm und krank ist, und wir es genauso einfach und um einen Preis retten können, der mit einem nassen T-Shirt und einer verpassten Vorlesung vergleichbar ist? Was für eine Frage, ja! Die Anekdote stammt vom australischen Philosophen Peter Singer.[128] Was er damit sagen will: Wer in einem reichen Land lebt, hat die Pflicht, Menschen in ärmeren Gegenden dieser Welt zu helfen. Dass die Welt langsam immer besser wird, ändert nichts daran, dass es noch immer viel Not, Hunger und Elend gibt. Es wird besser, ist aber noch immer schlecht. Wir müssen also etwas tun. Nur wie?

Die Antwort der Politik darauf ist seit vielen Jahrzehnten: Entwicklungshilfe. Der Ökonom Jeffrey Sachs vergleicht sie mit unseren progressiven Steuersystemen im Westen.[129] Die, die mehr haben, zahlen mehr ein; die, die weniger haben, kriegen mehr heraus. Entwicklungshilfe soll genau das sein, nur auf die Welt übertragen. Und ähnlich wie Singer fordert auch Sachs vehement: Wir müssen mehr umverteilen, also mehr helfen. In Österreich stoßen die beiden dabei aber seit jeher auf taube Ohren. 1970 haben viele Länder – darunter Österreich – gemeinsam vereinbart, 0,7 Prozent ihres Nationaleinkommens jährlich für Entwicklungshilfe auszugeben. Und wir brechen unser Versprechen seither jedes Jahr aufs Neue. Österreich kommt derzeit in etwa auf 0,3 Prozent. Tendenz sinkend. Damit sind wir nicht alleine: Bis auf Norwegen oder Schweden und ein paar andere hält fast niemand sein Wort. Aber wie Singer schon meinte, nur weil die anderen es nicht tun, macht es das bei uns nicht besser. Warum ist das so, habe ich das Außenministerium gefragt, das dafür zuständig ist. Man bekenne sich zum 0,7-Prozent-Ziel und setze den Pfad entschlossen fort, schreibt mir Peter Guschelbauer, der Pressesprecher des Ministeriums. Naja.

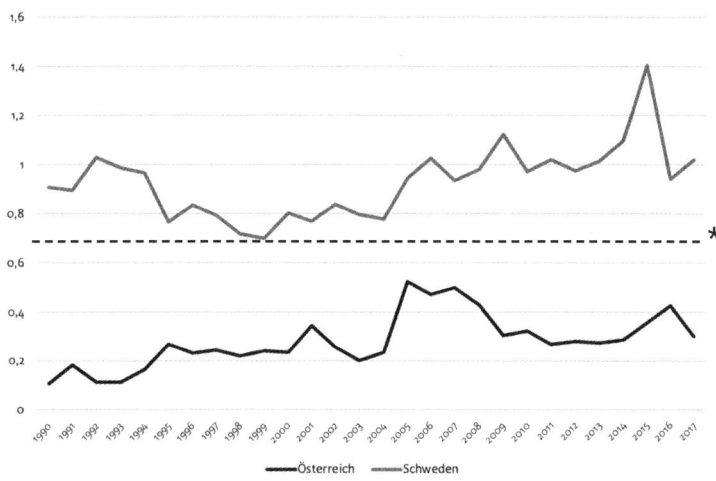

Abb. 15:   Ausgaben für Entwicklungshilfe (ODA) laut OECD in Prozent des Bruttonationaleinkommens, *Österreichs selbstgesetztes 0,7 %-Ziel

»Entwicklungszusammenarbeit war in Österreich immer nur ein Feigenblatt. Wir haben das noch nie ernst genommen«, sagt Michael Obrovsky von der Österreichischen Forschungsstiftung für Internationale Entwicklung (ÖFSE). Die 0,7 Prozent seien ein Lippenbekenntnis. Dabei ist Wien neben New York, Genf und Nairobi einer der offiziellen Amtssitze der Vereinten Nationen. Solange Österreich international betrachtet nicht Schlusslicht sei, scheine das den Regierungen zu genügen.

Schauen wir uns einmal an, was Österreich genau macht. Die aktuellsten verlässlichen Daten stammen von 2017. Damals hat Österreich 1,2 Milliarden Euro für Entwicklungshilfe ausgegeben. Das ist in etwa so viel Geld, wie der ORF im Jahr zur Verfügung hat. Davon gingen gut 500 Millionen Euro an die Weltbank, die EU – die selbst auch Entwicklungshilfe leistet – und andere sogenannte multilaterale Organisationen. Bleiben etwas mehr als 700 Millionen Euro, die Österreich selbst ausgibt. Wofür? Ziemlich sicher für andere Sachen, als du dir vorgestellt hast. Fast 400 Millionen Euro sind als Kosten für Asylwerber*innen vom Bund und den Ländern veranschlagt. Das heißt, dass da gar kein Geld in andere Länder fließt, sondern nur buchhalterisch als Entwicklungshilfe gerechnet wird. Was im ersten Jahr des Aufenthalts für Betreuung und Unterkunft anfällt, darf der Entwicklungshilfe angerechnet werden. Das sucht sich nicht Österreich aus, sondern ist offiziell in der OECD so geregelt. Absurd wird es bei den 95 Millionen Euro, die Österreich für Studierende aus ärmeren Ländern veranschlagt. Der Großteil sind Bosnier*innen, Türk*innen, Iraner*innen und Serb*innen. Weniger als 400 von fast 12.000 Studierenden, deren Zuwendungen Österreich bei der Entwicklungshilfe anrechnet, kommen aus ärmeren Ländern wie Afghanistan oder Bangladesch. Fast zehn Prozent der heimischen Entwicklungshilfe sind also die hypothetischen Kosten für Studienplätze von Kindern ehemaliger Gastarbeiter*innen oder (tendenziell besser als anderen situierten) iranischen Migrant*innen. Unglaublich, aber auch das geht konform mit den offiziellen Regeln der Entwicklungshilfe.

Etwas mehr als 90 Millionen Euro – weniger, als die Verlagsgruppe »Österreich« mit ihrer Gratiszeitung Oe24 im Jahr Umsatz macht – schlägt für die Austrian Development Agency (ADA) zu Buche. Jene Organisation, die die eigentliche Entwicklungshilfe abwickelt. Das sind 0,02 Prozent des Nationaleinkommens, wenn man so will. Das Geld der ADA fließt vor allem in den Westbalkan (Albanien, Kosovo), in den Kaukasus (Armenien, Georgien, Moldawien) und nach Afrika (Äthiopien, Uganda, Mosambik, Burkina Faso). Im Geschäftsbericht 2017 kann man nachlesen, was die ADA macht. Zum Beispiel wirken wir über unsere Steuergelder am Aufbau von Sanitäranlagen in Uganda mit. Österreichs Wetterdienst, die ZAMG, hat den Kolleg*innen in Moldawien Weiterbildungen angeboten, die ADA hat das finanziert. Firmen bekommen Zuschüsse für Investitionen im Ausland.

Die ADA will für mehr Bildung, Frieden und wirtschaftliche Entwicklung sorgen. Das finde ich wichtig – soll ich mich also dafür einsetzen, dass Österreich endlich sein Versprechen von 0,7 Prozent einlöst? Dann hätten wir 1,5 Milliarden Euro mehr für solche Projekte. Was erst einmal wie eine etwas dumme Frage klingt – natürlich wollen wir mehr Gutes tun –, ist beim zweiten Hinsehen gar nicht so klar. Denn ich habe in Medien und Studien immer wieder davon gelesen, dass die globale Entwicklungshilfe sehr umstritten ist. Der Nobelpreisträger Angus Deaton tritt sogar dafür ein, sie massiv zu reduzieren. Um mir ein Urteil zu bilden, rufe ich Nancy Qian von der Northwestern University in Illinois an. Sie ist eine der führenden Wissenschaftler*innen, was die Analyse von Entwicklungshilfe betrifft.

Und auch Qian sagt: Der Fokus sollte derzeit nicht sein, mehr Geld für Entwicklungshilfe aufzutreiben. Wichtiger sei es, sich für intelligentere Entwicklungshilfe einzusetzen. Derzeit würden wir schlicht und einfach noch zu wenig darüber wissen, wann und wie Hilfen funktionieren und warum vielleicht nicht. Der Westen gibt seit vielen Jahrzehnten Billionen Dollar für Entwicklungshilfe aus – und wir wissen nicht, ob sie auch funktioniert? Tatsächlich, sagt sie. Es gebe nicht viele Beweise dafür, dass sie viel gebracht habe und viele stichhaltige Anekdoten über die Probleme, die sie verursache. Wir würden aber gerade erst anfangen, zu verstehen, wie Entwicklungshilfe wirke. Bevor wir mehr Geld ausgeben, sollten wir also zuerst einmal herausfinden, wo es gut aufgehoben ist, sagt Qian. Unter dem Strich zeige sich ein düsteres Bild. Kann das wirklich sein?

In den nächsten Tagen und Wochen vergrabe ich mich in einen Berg von Studien, die Entwicklungshilfe untersuchen. Und tatsächlich ist das Bild, das sie zeichnen, kein rosiges. Auf den ersten Blick wirkt das Ganze etwas wirr: Warum sollte es schlecht sein, wenn die reichen Länder beim Bau von Straßen oder Stromnetzen in armen Ländern mitwirken, die der Entwicklung helfen sollen, wenn sie Schulen ausstatten, damit der Unterricht besser wird oder wenn sie Regierungen Geld für ihre Budgets geben, damit die wirksamere Politik machen können?

Beginnen wir bei der großen Frage: Hilft Entwicklungshilfe einem Land dabei, wirtschaftlich in Schwung zu kommen? Die Forscher*innen scheinen sich da recht einig zu sein: nein.[130] Zu den Gründen dafür gibt es verschiedene Theorien, deren plausibelste zu sein scheint, dass wir einfach nicht genug darüber wissen, warum die Wirtschaft in manchen Ländern plötzlich stark wächst und so Menschen aus der Armut kommen – und in anderen nicht. Und selbst wenn wir es in einem Land verstehen, ist die Antwort lokal und lässt sich nicht auf Länder mit anderer Kultur, Geschichte und Politik übertragen. Darum tun sich große Organisationen wie die Weltbank verständlicherweise auch sehr schwer, wirtschaftliche Entwicklung anzuschieben.

Jetzt müssen ärmere Länder nicht gleich Wunder wie in China vollbringen, damit Hilfen sinnvoll sein können. Aber auch im Kleinen scheinen die Ergebnisse sehr, sagen wir, durchmischt. Das könnte zum Beispiel an der sogenannten »Holländischen Krankheit« liegen. Die ist nicht ansteckend: Ökonom*innen bezeichnen so eine Episode aus der niederländischen Geschichte. In den

1960ern wurde in den Niederlanden Erdgas gefunden. Darüber freuten sich erst einmal die Meisten, weil es viel frisches Geld ins Land brachte. Aber wie sich später herausstellte, führte es dazu, dass plötzlich andere Industriebetriebe zusperren mussten. Viele Menschen verloren ihre Jobs. Warum? Das Geld, das zusätzlich ins Land floss, trieb den Währungswert so stark nach oben, dass Firmen ihre Wettbewerbsfähigkeit verloren. Denn mit der Währung eines Landes – in diesem Fall des niederländischen Gulden – ist es wie mit jedem anderen Produkt: Wenn es mehr Leute kaufen wollen, steigt es im Preis. Der Preis der Währung ist der Wechselkurs. Wenn der steigt, ist das nicht für alle schlecht, für niederländische Konsument*innen etwa war das toll. Wenn sie sich etwas aus dem Ausland kauften, wurde es günstiger. Für niederländische Firmen, die am Weltmarkt aktiv waren, war das aber schlecht: Denn dort war es genau umgekehrt. Wenn jemand im Ausland Produkte von ihnen kaufen wollte, musste er plötzlich mehr Geld dafür auf den Tisch legen, eine Maschine, die vorher 10.000 Gulden gekostet hatte, kostete für einen US-Amerikaner, der in Dollar bezahlt, plötzlich vielleicht 15.000 Gulden. Dann lieber doch woanders eine kaufen.

Genau denselben Effekt stellten Wissenschaftler*innen auch bei der Entwicklungshilfe fest.[131] Wenn Geld ins Land fließt, wirkt das auf den Wechselkurs der Landeswährung so, wie das Erdgas auf den Gulden wirkte: Es treibt ihn nach oben und bereitet lokalen Firmen Probleme. Das kann dazu führen, dass selbst Projekte, die für sich genommen funktionieren, über ihre Nebenwirkungen Erfolge wieder zunichtemachen, so wie das niederländische Erdgas.

Ähnlich wirkt die sogenannte Ressourcenfalle. Einen Effekt, den Wissenschaftler*innen schon vom Erdöl kannten, stellten sie auch bei der Entwicklungshilfe fest.[132] In den wenigsten Ländern, in denen viel Öl im Boden ist, wird den Menschen ein gutes Leben ermöglicht. Das beste Beispiel ist Venezuela, das wegen seiner Ressourcen unglaublich reich sein könnte, aber politisch zugrunde gewirtschaftet wird. Ähnliches gilt für Angola, Äquatorialguinea, Nigeria, Iran oder Russland: Wenn ein Job in der Regierung dazu führt, dass man Zugang zu Öl erhält, kommen vielleicht nicht die fähigsten Menschen mit dem besten Gewissen an die Macht, sondern die, die nur ihr eigenes Wohl im Sinn haben. So kann der Segen zum Fluch werden, die Ressourcenfalle schnappt zu. Die Politik ist außerdem weniger auf Steuern angewiesen, um den Staat zu finanzieren. In einigen afrikanischen Ländern macht die Entwicklungshilfe die Hälfte des Staatsbudgets aus. Das senkt den Anreiz, auf die Bevölkerung zu hören und erschwert die Etablierung von stabilen Institutionen und einer verlässlichen Demokratie. Denn wenn das Geld via Steuern eingehoben würde, dann würden die Bürger*innen auch eher fordern, ein Wörtchen mitzusprechen.[133] Auch wenn mit Entwicklungshilfe vielleicht ein sinnvolles Projekt gefördert wird, könnte es unter dem Strich so Schaden anrichten.

Axel Dreher von der Uni Heidelberg meint, dass man positiven Wirkungen von Hilfen sehr oft entgegenhalten könne, dass dadurch auch Diktatoren an der Macht bleiben. Wenn der Westen einem Land ohne Demokratie helfe, nehme man dadurch auch Druck von der Regierung. Nordkorea bekomme zum Beispiel bei Dürren Nahrungsmittelhilfen von Südkorea. Es sei klar, dass man die Menschen nicht verhungern lassen könne, aber auch, dass man so das Regime alimentiere und eher an der Macht halte. Auch Österreich fördert Projekte in Äthiopien und Uganda, beides sind sehr autokratische Staaten. Genauso in Mosambik, dort gibt es zwar Wahlen, aber seit der Unabhängigkeit ist immer nur eine Partei an der Macht gewesen. Auch nach Burkina Faso oder in den Kosovo fließt Geld, und beide sind nicht gerade lupenreine Demokratien.[134]

Ein großes Problem ist auch, dass »Geld kein Mascherl« hat. Das klingt vielleicht blöd, ist aber für Nancy Qian einer der wichtigsten Gründe, warum die Hilfen nicht wirken. Wenn man Geld für ein Krankenhaus hergebe, dann sei das Krankenhaus zwar da, aber möglicherweise wäre es ohnehin gebaut worden. Wenn Hilfen in ein Land gingen, in dem klug damit umgegangen wird, würde es vielleicht positive Effekte geben. Aber die meisten Politiker*innen in armen Ländern würden das Geld einfach für Dinge ausgeben, die gut für sie selbst seien. Am Ende sei es unmöglich zu kontrollieren, wofür Geld wirklich ausgegeben werde. Der Ökonom Paul Collier hat ausgerechnet, dass der Westen in afrikanischen Ländern mit seiner Entwicklungshilfe indirekt und ungewollt für circa 40 Prozent der Militärausgaben aufkommt.[135] Ein Land baut mit Geld aus der Entwicklungshilfe vielleicht ein Krankenhaus, das ohnehin gebaut worden wäre – und kauft sich mit dem Geld, das jetzt noch übrig ist, Waffen und Panzer.

Unter dem Strich bleibt die Erkenntnis: Es gibt viele plausible Gründe, warum das, was der Westen in ärmeren Ländern macht, nicht viel bringt.

Ist also alles umsonst?

Ich rufe Dario Sidhu an. Wir kennen uns vom Studium an der Wirtschaftsuni in Wien, er ist mittlerweile in Washington und arbeitet für Evidence Action. Eine NGO, die sich wissenschaftlich mit Armutsbekämpfung beschäftigt. »Bringt alles nichts?«, frage ich ihn. »Es stimmt, dass sehr vieles nicht funktioniert, vieles läuft falsch! Bei sehr vielen Projekten wissen wir nicht, ob sie längerfristig wirklich helfen. Das heißt aber nicht, dass es gar keine Projekte gibt, die sehr viel Gutes tun. Im Gesundheitsbereich zum Beispiel wird sehr viel investiert, damit man Medikamente gegen HIV und Lungenentzündung oder Netze, die vor Malaria schützen, in ärmere Länder bringen kann.« In den vergangenen 30 Jahren hat es eine dramatische Entwicklung zum Besseren gegeben. Viel weniger arme Menschen sterben an einfachen Krankheiten. Es sei aber nicht so, dass plötzlich alle afrikanischen Länder ein großartiges Gesundheitssystem hätten. Dass sich die Situation so dramatisch gebessert habe, sei internationalen Akteuren wie der Weltbank oder der Weltgesundheitsorganisation (WHO) zu verdanken, die gemeinsam mit Regierungen in ärmeren Ländern viel unternehmen würden. Ein Grund, warum es in diesem Sektor besser laufe als in anderen sei, dass seit Längerem stark gemeinsam mit Wissenschaftler*innen evaluiert werde. Der Gesundheitsbereich sei hier ein Vorreiter. Man könne die Entwicklungshilfe nicht pauschal kritisieren. Vor 20 Jahren habe die Kritik, dass sie nicht funktioniere, gestimmt. Ungefähr zur Jahrtausendwende habe aber eine wissenschaftliche Revolution begonnen und heute wisse man immer besser, was helfe.

Ich habe viel darüber gelesen, und Dario hat recht. Man kann sich die Situation in der »traditionellen« Entwicklungshilfe ein bisschen überspitzt so wie eine Partie Basketball im Dunkeln vorstellen. Wir werfen einfach, und ob die Bälle im Korb landen, erfahren wir nie. Am Ende zählen wir die Bälle – wir haben 20 geworfen, eine gute Partie. In der Entwicklungshilfe wird nicht mit Bällen geworfen, sondern es werden Schulen gebaut, Brunnen gegraben oder Menschen weitergebildet. Was davon ins Netz geht, also Kinder gesünder und klüger, das Leben von Menschen besser machte oder nachhaltig positiv wirkte, blieb lange im Dunkeln. Das ändert sich gerade und ist einen zweiten Blick wert. Zum Beispiel: Mehr Bildung hilft, ein besseres Leben zu führen, das ist unbestritten. Schulen in ärmeren Ländern auszurüsten scheint also eine gute Idee. Gratisschulbücher, kostenlose Laptops für alle Kinder, die Gehälter von Lehrer*innen erhöhen, damit sie motivierter sind. All das wurde probiert, und wie neue, experimentelle Evaluierungen zeigen, hat nichts davon die Leistungen von Kindern verbessert.[136, 137, 138]

Gelernt haben wir das aus Methoden, die man eigentlich aus der Medizin kennt: Eine zufällig ausgewählte Gruppe von Menschen erhält ein Medikament, eine andere nicht, dann wird analysiert, ob und wie es gewirkt hat. Seit etwa 20 Jahren erobert diese Methodik die Forschung zu globaler Armut. Wissenschaftler*innen sprechen von einem »Goldstandard«. In Indonesien wollte die Regierung das Gehalt von Lehrer*innen verdoppeln. Weil das viel kostete, wurde die Reform über einen Zeitraum von zehn Jahren ausgerollt. Die Politik stimmte zu, das Ganze mit einem Experiment zu begleiten. Forscher*innen haben also per Zufallsgenerator 120 öffentliche Schulen ausgewählt, in denen die Gehälter gleich zu Beginn erhöht wurden.

Es zeigte sich: Die Schulen schnitten nicht besser ab als die in der Vergleichsgruppe. Für Indonesien war es zu spät, die Reform eingeführt. Die zufällige Auswahl der Teilnehmer*innen ist für Forscher*innen zentral. Denn auch bisher wurden Programme evaluiert. Wenn aber nicht zufällig ausgewählt wird, könnte es etwa sein, dass besonders motivierte Schulen von Anfang an mitmachen – und so das Ergebnis verzerren. Der Vergleich mit einer weiteren Gruppe lässt dann sehr valide Rückschlüsse zu.

Zurück geht diese Revolution maßgeblich auf zwei Institute in den USA: das Abdul Latif Jameel Poverty Action Lab (J-Pal) am MIT einerseits und Innovations for Poverty Action (IPA), eine wissenschaftliche NGO andererseits. Die zwei Ökonom*innen Abhijit Banerjee und Esther Duflo haben J-Pal gegründet, ihr Student Dean Karlan startete wenig später IPA.

Dean Karlan schreibt in seinem Buch »More Than Good Intentions«, dass Evaluierungen, so wie sie früher liefen und auch heute noch gemacht werden, im Prinzip vergeudete Liebesmüh seien. Menschen machen etwa bei einem Programm mit, danach wird geschaut, ob es ihnen besser geht. Ob das aber an den Hilfen liegt oder an etwas ganz anderem, ist ohne zufällige Auswahl und Vergleich nicht seriös zu beantworten: Basketball im Dunkeln.

Heute arbeitet IPA in 21 Ländern mit 1000 Mitarbeiter*innen. J-Pal kooperiert mit der Gates-Stiftung, der Weltbank, NGOs wie Oxfam oder der US-amerikanischen Entwicklungshilfe USAID. Die Forscher*innen sind in den Mainstream vorgedrungen und haben unzählige Nachahmer*innen an Universitäten.

Heute lässt sich damit besser sagen, was in puncto Bildung hilft. Wenn Eltern in ärmeren Ländern darüber informiert werden, wie viel besser die Jobchancen durch einen Schulabschluss werden, schicken sie ihre Kinder auch hin.[139] Nachhilfe mit Freiwilligen hilft in Indien sehr.[140] So ist dann Zeit, um genau auf die Bedürfnisse der Kinder einzugehen. An die Ärmsten Uniformen auszuteilen hat die Fehlstunden in Kenia um zwei Drittel gesenkt.[141]

Laut Sidhu gebe es noch immer eine große Lücke zwischen dem, was man aus der Forschung über den Kampf gegen Armut wisse und was dann tatsächlich passiere. Bei der NGO Evidence Action versuche man, eine Brücke zu bauen und die Resultate in die Tat umzusetzen.

Ökonom*innen haben etwa herausgefunden, dass Pillen zur Entwurmung von Kindern massiv in der Schule helfen.[142] Viele Kinder in ärmeren Ländern haben Würmer, weil Sanitäranlagen nicht vorhanden oder schlecht sind. Das macht sie schwach, sie können sich nur mehr schwer konzentrieren. Das Verteilen von günstigen Pillen hilft also. Mit Partner*innen vor Ort verteilt Evidence Action jedes Jahr Tabletten an hunderte Millionen Kinder zum Beispiel in Indien, Kenia oder Äthiopien. In Malawi, Uganda und Kenia erreiche man etwa vier Millionen Menschen, sie erhielten Chlor, um einfach Wasser zu reinigen und so Krankheiten vorzubeugen. Aus experimentellen Studien wisse man, dass es am häufigsten verwendet werde, wenn der Chlorspender gleich neben dem Brunnen stehe, an dem Menschen Wasser holen.

Die Austrian Development Agency (ADA) evaluiert ihre Projekte nicht mit experimentellen Studien. Das liegt unter anderem an den Kosten. »Die Projekte von Spitzenforschern haben oft ein Budget von ein paar Millionen«, sagt Martin Kocher, der Chef des Instituts für Höhere Studien. Die ADA, die über ein Budget von gut 90 Millionen Euro verfügt, will aber nicht ausschließen, künftig auf solche Studien zu setzen.

»Es gibt auch in Österreich Interesse. Wir haben in den vergangenen ein, zwei Jahren versucht, Leuten dies näherzubringen«, sagt Kocher, der mit der Methodik gut vertraut ist. Derzeit würden auch Vorbereitungen laufen, um einzelne politische Maßnahmen auf die Art zu evaluieren. Mehr dürfe er nicht sagen, weil sonst Studien gefährdet würden.

Aber auch der Goldstandard unter den Forschungsdesigns ist keine Antwort auf alles. Der Ökonom Paul Romer hat dazu eine nette Anekdote: Stell dir vor, du gehst zum Arzt, und dein Röntgen lässt vermuten, dass du einen Tumor hast. Klinische Zufallsstudien, ob eine Operation hilft, gibt es nicht. Was man aber belegen kann, ist, dass dich Botox jünger aussehen lässt. Nimmst du das Botox?[143]

Was Romer damit sagen will: Nur weil man etwas gut belegen kann, heißt das noch nicht, dass es die richtige Priorität ist. So ist etwa der größte Hebel im langfristigen Kampf gegen Armut noch immer Wirtschaftswachstum, wie sich in China gezeigt hat.

Lange wurde darüber gestritten, ob wir nicht viel mehr Geld für den Kampf gegen Armut ausgeben sollten. Kritiker*innen meinten, das sei aussichtslos und schädlich. Dieser ideologische Streit wurde von der Wissenschaft beigelegt: Vieles hilft, sehr vieles nicht. Dank modernster Forschung können wir immer genauer zwischen sinnvollen und weniger sinnvollen Maßnahmen unterscheiden.

Wenn man Entwicklungshilfe schlau gestaltet, katapultiert sie also ein Land nicht mit einem Schub aus der Armut, kann aber das Leben von Menschen im Hier und Jetzt besser machen. Und auch in einem Land, das viele Probleme hat und nicht gut funktioniert, lebt es sich schöner, wenn man besser gebildet und gesünder ist und außerdem ein bisschen mehr Geld hat.

Was heißt das für Österreich? Ich ziehe für mich den Schluss, dass unser Fokus im Zweifel nicht mehr, sondern bessere und schlauere Hilfen sein sollten. Die Gefahr für Nebenwirkungen vor Ort aus der österreichischen Entwicklungshilfe sind aber sehr gering, weil auch die Geldmittel, die tatsächlich fließen, extrem spärlich sind. Nur ein Bruchteil kommt in ärmeren Ländern an. Ein reiches Land wie Österreich könnte durchaus mehr Geld in

die Hand nehmen – zumindest für humanitäre Hilfe. An das Welt-
ernährungsprogramm (WFP), das den Ärmsten der Welt mit Nah-
rungsmitteln zur Seite steht, zahlte Österreich 2018 mickrige
1,1 Millionen Euro. Schweden zahlte 145 Millionen. An das UNHCR,
das etwa Flüchtlingslager rund um die Welt betreibt, gingen vier
Millionen Euro. Schweden zahlte 139 Millionen Euro.[144] Und die
restliche Entwicklungshilfe? Österreichs Regierungen sollten zumindest nicht mehr vom 0,7-Prozent-Ziel reden. Damit machen
wir uns lächerlich. Ich habe Nancy Qian von der Northwestern
University in Illinois um einen Rat zu unserer Entwicklungshilfe
gebeten. »Ein reiches Land wie Österreich, das nur Millionen und
nicht Milliarden zum Ausgeben hat, könnte mit dem Geld die
Wissenschaft unterstützen«, sagt sie. »Das wäre für ein kleines
Land eine großartige Nischenposition. Wenn man sagt, wir glauben an Entwicklungshilfe, wir wollen den Armen helfen, wir werden aber nie richtig viel Geld ausgeben, das machen die USA und
die Gates-Stiftung. Aber Entwicklungshilfe kann effektiver sein.
Mit dem Budget Österreichs könnte man da sehr viel machen und
das hilft dann allen anderen auch.«

Flutsch und weg

Während mit der Entwicklungshilfe zum Teil Geld in ärmere Länder fließt, kann Kapitalflucht diese Bilanz rasch wieder ins Minus
kehren. Das Tax Justice Network, eine NGO, schätzt, dass 2015
satte 41 Milliarden Dollar mehr aus Subsahara-Afrika abgeflossen
sind, als Geld über Hilfen, Kredite oder Migrant*innen in die andere Richtung kam.[145] Exakte Zahlen gibt es nicht, weil es zu einem nicht unwesentlichen Teil illegale Geldflüsse sind, die Angaben von NGOs werden auch immer wieder kritisiert. Aber fest
steht, dass ärmere Länder besonders darunter leiden, dass Länder
wie die Schweiz, Luxemburg oder Inseln, die zu Großbritannien
gehören, es zu einem Geschäftsmodell gemacht haben, auf die

Herkunft von Geld nicht so genau zu schauen. Viele ärmere Länder kämpfen mit Korruption, Sani Abacha, der Nigeria in den 1990ern diktatorisch regierte, hat etwa Geld auf die britische Insel Jersey gebracht. Vor Kurzem sind dort 268 Millionen Dollar sichergestellt worden, aus der Schweiz flossen gar 321 Millionen Dollar zurück nach Nigeria.[146] Mobutu Sese Seko, der die Demokratische Republik Kongo über 20 Jahre lang ausbeutete, brachte laut Transparency International etwa fünf Milliarden Dollar ins Ausland.[147] Zwar gibt es schon viele internationale Bemühungen, Transfers von schmutzigem Geld einzudämmen. Etwa ein globales Netzwerk, in dem Länder erfahren sollen, welche ihrer Staatsbürger*innen Konten im Ausland haben. In Afrika machen aber nur Ghana, Nigeria und Südafrika mit, weil vielen Ländern die technische Kapazität und das Geld dafür fehlen. Gleichzeitig zahlen internationale Konzerne wie Starbucks nicht nur in Österreich extrem wenig Steuern, sondern auch in ärmeren Ländern, die sowieso oft mit wenig Steuereinnahmen auskommen müssen. Sie sind sogar noch bedeutend stärker betroffen als reichere Länder, wie eine neue Studie der Universität Kopenhagen nahelegt. Das könnte daran liegen, dass die Kontrollmöglichkeiten dort oftmals nicht so gut sind. Diese hätten sich zuletzt aber gebessert, schreiben die Autoren.[148]

Das Tax Justice Network schätzt, dass dadurch pro Jahr 160 Milliarden Dollar in den Kassen von ärmeren Staaten fehlen. Geld, mit denen man Schulen, Straßen und Krankenhäuser bauen könnte, das so in den Händen von Besitzer*innen von Konzernen landet.

Ein nüchterner Umgang mit Migration

Bis jetzt habe ich mich darauf konzentriert, wie Projekte das Leben für Menschen in ärmeren Ländern besser machen sollen. Kluge Programme schaffen das. Nehmen wir zum Beispiel das sogenannte »Graduation program« der Bangladescher NGO BRAC. Es richtet sich an die Ärmsten der Armen und soll sie langfristig aus der Armut holen. Beteiligte erhalten ein paar Hühner oder einen Grundstock an Waren zum Handeln auf dem Markt, eine Ausbildung dafür, ein paar Monate lang monatliche Geldtransfers und alle paar Wochen Besuche und Betreuung. Seriöse Studien zeigen, dass es teuer ist, aber gut funktioniert. Im Schnitt kostet es 4500 Dollar pro Teilnehmer*in, im Jahr verdienen diese langfristig dann 340 Dollar mehr als zuvor. Es rechnet sich also, aber man könnte das Leben dieser Menschen durch eine einfache Maßnahme wesentlich drastischer verbessern, schreibt der Ökonom Lant Pritchett. Indem wir sie nämlich in unsere Länder einwandern lassen.[149]

Wer keinen Schulabschluss hat und von Nigeria in die USA auswandert, verdient im Durchschnitt statt 1200 Dollar im Jahr plötzlich 19.000 Dollar. Etwa mit einem einfachen Hilfsarbeiterjob, für den keine Ausbildung nötig ist. Eines der effektivsten Programme, das die Entwicklungshilfe kennt, schafft es, das Einkommen von Menschen um sieben Prozent zu steigern. Die Migration dagegen erhöht den materiellen Lebensstandard aber um 1500 Prozent, also mehr als 200-mal effektiver als die beste Art von Entwicklungshilfe für einzelne Haushalte, die wir kennen. Ich habe eine Kalkulation Pritchetts für Österreich adaptiert: Wenn man pro Jahr zusätzlich zur bestehenden Migration 5000 Nigerianer*innen nach Österreich einwandern ließe, würde das für einen jährlichen ökonomischen Zugewinn sorgen, der dem Budget der heimischen Entwicklungshilfeagentur ADA entspricht. Und da ist nur der Vorteil für die wandernden Nigerianer*innen eingerechnet. Das klingt in der aktuellen Migrationsdebatte utopisch, ist aber rein ökonomisch betrachtet eine einfache Rechnung.

Unter Forscher*innen gibt es mittlerweile einen Konsens, dass Migration wirtschaftlich gesehen für die Zielländer wie etwa Österreich von Vorteil ist, wie Vincenzo Bove von der University of Warwick schreibt.[150] Der Harvard-Ökonom Alberto Alesina schreibt in einer Arbeit, dass Migration ein Gewinn für das Wirtschaftswachstum und damit den Wohlstand sei. Diversität ist demnach gut für ökonomische Entwicklung, da sie mehr Ideen und Dynamik schafft.[151] Auch wenn es Probleme mit der Sprache gebe oder Misstrauen herrsche, würden die positiven Effekte überwiegen. Sieht man sich die wissenschaftliche Literatur zum Thema an, kommt man ins Grübeln. Denn wenn es zum Beispiel um den Welthandel geht, darum, mehr Produkte ins Ausland zu verkaufen, dann werden mühsam über viele Jahre hinweg Handelsverträge vereinbart und Abkommen geschlossen: alles für mehr Wachstum und um wirtschaftliche Vorteile für die einzelnen Länder zu erzielen. Der Migrationsforscher Michael Clemens schreibt, hier lägen im übertragenen Sinn Billionen Dollar am Gehsteig, man müsste sich nur bücken – also die Bestimmungen für Migration in den Westen lockern –, und könnte enorme wirtschaftliche Vorteile erzielen.[152]

Neuseeland hat zum Beispiel eine Migrationslotterie. 1750 Leute aus ärmeren Inselstaaten wie Samoa und Tuvalu dürfen zuwandern, wenn sie ein Jobangebot haben und Englisch sprechen. Die USA nehmen im Rahmen der Greencard-Lotterie 50.000 Menschen aus ärmeren Ländern per Zufall auf, ein Schulabschluss als Kriterium genügt. Millionen Menschen bewerben sich dafür. Mittellose Menschen aus armen Ländern in den reichen Westen einwandern zu lassen hilft den betroffenen Migrant*innen, aber schadet es nicht den Ländern, die Menschen verlieren?

Lange herrschte die Sorge, dass Migration ärmere Länder schwächen würde, weil die Bessergebildeten abwandern und zuhause fehlen könnten: Man sprach vom sogenannten »Brain

Drain«. Heute ist man in der Wissenschaft aber eher der Ansicht, dass das Gegenteil der Fall ist.[153] Dass Migration dafür sorgt, dass auch Leute in armen Ländern ohne große Perspektive darauf achten, eine gute Ausbildung zu bekommen. Die theoretische Chance auf einen Job im Ausland motiviert dazu, eine höhere formale Bildung anzustreben, die man sonst vielleicht nicht machen würde. Nicht alle gehen dann aber wirklich: Die Aussicht auf Migration erhöht den Bildungsstand der Bevölkerung folglich stärker, als die Abwanderung von einigen Gebildeten ihn schwächt. Dazu kommt, dass Migrant*innen viel Geld nach Hause schicken, zu ihren Familien und Freund*innen. In den ärmsten Ländern macht das mehr als sechs Prozent der Wirtschaftsleistung aus. In Summe profitieren diese Länder also von Migration, auch weil viele »Ausgewanderte« irgendwann wieder nach Hause kommen. In Indien sind viele erfolgreiche Gründer*innen von IT-Firmen Inder*innen, die in den USA gearbeitet haben.[154] Kann Migration dann Länder vielleicht sogar aus der Armut hieven?

Der niederländische Forscher Hein De Haas sagt nein. Er argumentiert, dass Migration positiv für ärmere Länder sei, wenn sie ohnehin schon auf einem guten Weg seien.[155] Dann würden Geldsendungen und Rückkehrer*innen den positiven Trend verstärken und dabei mithelfen, langsam aus der Armut zu klettern. Einem Land, in dem wenig funktioniere, würde aber auch Migration nicht helfen. Wenn die Regierung korrupt und autokratisch sei, könnte es dem Land theoretisch sogar schaden, wenn Gebildete wegziehen, anstatt gegen die Regierung auf die Straße zu gehen. Bessere sich die politische Situation aber, könne Migration auch diesen Ländern in ihrer Entwicklung helfen. Rechnet man die Greencard-Lotterie der USA auf Österreich um, wären das etwa 1500 Menschen pro Jahr. Menschen aus ärmeren Ländern haben de facto keine Möglichkeit, nach Österreich zu kommen, außer wenn sie politisch verfolgt sind. Ein paar Tausend, die sich einfache Jobs suchen und damit die Chance auf ein besseres Leben haben – wieso nicht?

Ich rufe Mathias Czaika an, um ihn zu fragen, was er, der Chef des Departments für Migration und Globalisierung an der Donau-Universität Krems, von meiner Idee hält. Sagen wir so: nicht sehr viel. So setzen wir die falschen Anreize, sagt er. Warum solle ein Migrant in Bildung investieren, wenn es seine Chancen nicht erhöhe, ins Ausland zu kommen? Czaika plädiert für eine schlauere Lösung. Ein Problem sei die Integration, die geschehe nicht über Nacht. Bei Geringqualifizierten dauere das meist eine Generation, bis sie so in den Arbeitsmarkt integriert seien wie Einheimische. Das könne man für alle Beteiligten einfacher lösen: indem man die Leute schon vor Ort für Berufe ausbilde, in denen Menschen gesucht werden. Österreich könnte in ärmeren Ländern dabei helfen, Berufsschulen zu bauen, in denen in Europa anerkannte Abschlüsse erreicht werden, und dazu noch Sprachkurse anbieten. Czaika und zahlreiche andere Forscher*innen bringen zwei Argumente vor: Erstens altert die Bevölkerung in Österreich (und generell im Westen) stark, es gibt immer weniger junge Menschen, die viele ältere erhalten müssen. Wir brauchen also künftig Zuwanderung. Zweitens werde die Zahl der Migrant*innen steigen, ob man wolle oder nicht. Denn Afrikas Bevölkerung wächst jetzt schon stark und wird das auch weiterhin tun, weil viele Kinder geboren werden und immer weniger sterben und die Menschen älter werden. Und anders als Sebastian Kurz gerne sagt, kann man mit Hilfe vor Ort Migration wohl nicht bremsen.

Das Bild, das Kurz und andere Politiker*innen zeichnen: Wir helfen, die Länder entwickeln sich, es gibt Jobs und niemand muss mehr weg. Sieht man jetzt einmal von Bürgerkriegen ab, die Menschen vertreiben, führt eine Besserung der Lage in einem armen Land aber fast immer zu mehr Migration, schreibt der Forscher Michael Clemens.[156] Das ist unter Migrationsforscher*innen ziemlicher Konsens. Anders als Kurz' Theorie – oder eher Schmäh – nahelegt, ist es nämlich so: Ein extrem armes Land hat wenig Migration, weil es den Menschen an Geld und Perspektive fehlt, um aufzubrechen. Entwickelt es sich und den Menschen geht es besser, haben sie auch eher das nötige Kleingeld und den Raum im Kopf für die Reise nach Europa. Außerdem sorgt wirtschaftliche Entwicklung für Dynamik. Neue Jobs entstehen und alte verschwinden. Es werden weniger Menschen in der Landwirtschaft gebraucht und neue Industriefirmen machen auf. Menschen werden mobiler, sie ziehen vielleicht in Städte oder schauen sich im Ausland um. Gleichzeitig sorgt der größere Wohlstand dafür, dass weniger Kinder sterben – die Geburtenraten gehen langsam zurück, so wie wir das auch aus Österreich von früher kennen. Genau in dieser Phase ist das Afrika südlich der Sahara: Es gibt mehr wirtschaftliche Dynamik und viele Länder machen Fortschritte. Das schafft Veränderungen und mehr Migration, gleichzeitig sterben weniger Kinder und die Lebenserwartung steigt: Die Bevölkerungen wachsen stark. Die wissenschaftliche Literatur legt nahe, dass bis zu einem Jahreseinkommen von 6000 bis 8000 Dollar pro Kopf steigender Wohlstand zu mehr, nicht zu weniger Migration führt. Fast alle Länder Subsahara-Afrikas liegen unter dieser Grenze.

Was viele Wissenschaftler*innen daher fordern: Statt sich die Augen zuzuhalten und zu hoffen, dass Menschen daheim bleiben, sollte man Migration aktiv steuern. So kann man den Druck vom Kochtopf nehmen und sich auch aussuchen, wer kommt. Deutschland zeigt für Michael Clemens im Kleinen vor, wie man das in größerem Maßstab machen könnte. Die deutsche Entwicklungshilfe GIZ qualifiziert etwa in Serbien Krankenpfleger*innen, die Menschen werden geprüft, lernen Deutsch und können danach nach Deutschland migrieren.[157] Damit auch die Länder vor Ort etwas davon haben, zahlt Deutschland auch andere Ausbildungen, etwa Lehren für Mechatroniker*innen nach deutschem Vorbild, und bietet Praktika in deutschen Firmen an. Clemens schreibt, dass man das für viele einfache und mittlere Jobs machen könnte. Einige Monate bis drei Jahre Ausbildung und Firmen im Zielland reden mit und kommunizieren ihre Nachfrage. Gleichzeitig werden vor Ort zusätzlich Menschen ausgebildet, die nicht migrieren.

Am Ende haben alle etwas davon. Das hält Mathias Czaika von der Donau-Uni in Krems auch für Österreich für sinnvoll. Gleichzeitig gibt dieser Ansatz Menschen in ärmeren Ländern eine realistische Perspektive, legal auszuwandern. Jetzt beantragen viele Asyl, obwohl sie eigentlich keinen Anspruch darauf haben und dann nach Jahren abgeschoben werden müssen.

Kurz gesagt: Es ließen sich also schlaue und moderne Entwicklungshilfe und eine zukunftsgerichtete Migrationspolitik kombinieren. Wenn Österreichs Bevölkerung merkt, dass Migration gezielt und geordnet stattfindet, sollte auch die Akzeptanz dafür langsam wieder steigen. Ein fleißiger Bäckerlehrling aus Burkina Faso, der auch schon etwas Deutsch kann, davon lässt sich Oma überzeugen.

Und unsere Milch?

Am Schluss dieses Kapitels über Politik und Entwicklung möchte ich auch noch auf ein Thema eingehen, dass seit vielen Jahren hitzig diskutiert wird: Was die EU an Entwicklungshilfe mit der linken Hand gibt, nimmt sie sich mit der rechten durch ihre Agrarpolitik wieder. So lautet der Vorwurf von vielen NGOs. Subventionierte Hühnchen aus der EU landen auf Märkten in Afrika, kleine Landwirt*innen können mit der Konkurrenz nicht mithalten. Gleichzeitig regelt die Union rigoros, was an Produkten auf den eigenen Markt darf. Die Kritik ist nicht falsch, aber auch nicht ganz fair. Schauen wir uns das der Reihe nach an.

Um die komplizierten Verflechtungen zu verstehen, lohnt es, die Frage zweizuteilen. Was passiert in der EU, und was in Afrika? Beginnen wir in Afrika.

Die NGO Oxfam kritisiert, dass Landwirt*innen in Westafrika nicht mit Importen von Milchpulver aus der EU mithalten können.[158] Statt 90 Cent für einen Liter lokaler Milch seien nur um die 30 Cent für das Pulver fällig. Ähnliches gilt für Geflügelreste – in

Europa wird oft nur die Brust an den Mann oder die Frau gebracht, der Rest billig in anderen Teilen der Welt, etwa in Liberia, verkauft. In Ghana findet man subventionierte Tomaten aus Italien.

Die EU-Kommission sagt, sie habe auf die Kritik reagiert. Und tatsächlich ist die Situation heute eine andere als in der Vergangenheit. Die EU hat sich 2015 in Nairobi verpflichtet, Exportsubventionen abzuschaffen.[159] Lange hat sie EU-Landwirt*innen Geld dafür gegeben, dass diese etwa ihre Milch billig im Ausland verscherbeln. Das ist seit einigen Jahren nicht mehr so.

Außerdem wird großteils nicht mehr die produzierte Menge, sondern die bewirtschaftete Fläche gefördert. Ein/e Landwirt*in kriegt also nicht Fördergeld dafür, dass er/sie 10.000 Liter Milch produziert, sondern 20 Hektar Land bearbeitet. Früher hatte man den Anreiz, extra viel zu produzieren, um mehr Förderungen zu erhalten. Das ist heute selten. (Was nicht heißt, dass die Förderungen besonders klug sind.) Die Exportmenge wird durch die Politik kaum mehr künstlich erhöht, sagt Ökonom Alan Matthews vom Trinity College in Dublin.[160]

Die meisten Exporte würde es also auch ohne Förderungen geben, auch wenn die hohen Subventionen natürlich ein Vorteil für Landwirt*innen sind. Sie sind aber nicht der zentrale Grund, warum europäische Landwirt*innen im Wettbewerb bestehen. Teile der Landwirtschaft Afrikas leiden seit Jahrzehnten an großer Ineffizienz und an schlechter Infrastruktur, die Transport und Kühlung schwierig macht. Augustin Fosu von der Universität Ghana sagt, was die Politik vor Ort mache, um die Landwirtschaft zu stärken, sei die zentrale Frage.

Außerdem helfen billigere Produkte aus dem Ausland in Ländern, in denen die Armut oft noch sehr groß ist. In Burkina Faso ist laut Weltbank fast die Hälfte der Menschen extrem arm. Wenn europäisches Milchpulver ein Drittel der lokalen Milch kostet, hilft das vielen Menschen, sie sich überhaupt leisten zu können. Man könnte also sagen: Soll doch jedes Land für sich entscheiden, ob es die Importe will oder nicht. Wenn nicht, könnten die Länder

Kindernahrung, Stärke, Mehl – 839 Mio. €

Getreide – 714 Mio. €

Geflügel – 557 Mio. €

Alkoholische Getränke – 494 Mio. €

Milchpulver und Molke – 444 Mio. €

Abb. 16: EU-Nahrungsexporte in Sub-Sahara-Länder (Quelle: Eurostat 2018)

hohe Zölle einführen und so die lokale Wirtschaft vor ungleichem Wettbewerb schützen.

Weil die Armut in den Städten Westafrikas hoch ist, heben die Länder dort laut Oxfam nur einen Zoll von fünf Prozent ein. Das Problem ist aber, sagt Augustin Fosu, dass den Ländern zum Teil die Hände gebunden sind. Denn erstens würden sie sich oft nicht trauen, Zölle gegen die politisch mächtige EU einzuführen. Zweitens schränken die Regeln der Welthandelsorganisation (WTO) die Regierungen ein. Denn die WTO funktioniert nach dem Prinzip Gegenseitigkeit: Wenn ein Land einem anderen niedrige Zölle gewährt, muss das andere nachziehen. Die EU hat in der Vergangenheit die Märkte für viele ärmere Länder geöffnet, die das jetzt nach und nach auch tun müssen. Die EU verhandelt Handelsabkommen, die zwar Ausnahmen vorsehen, afrikanische Länder aber bei der Einhebung von Zöllen einschränken. Die Elfenbeinküste kann etwa keine Importzölle mehr auf Hirse einführen, sagt Francisco Marí von der NGO Brot für die Welt.

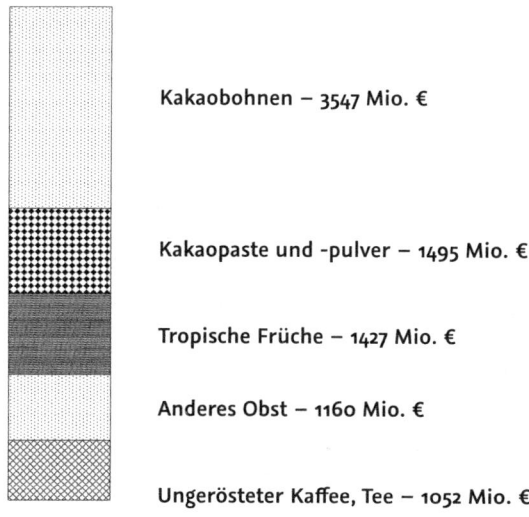

Kakaobohnen – 3547 Mio. €

Kakaopaste und -pulver – 1495 Mio. €

Tropische Früche – 1427 Mio. €

Anderes Obst – 1160 Mio. €

Ungerösteter Kaffee, Tee – 1052 Mio. €

Abb. 17:   EU-Nahrungsmittelimporte aus Sub-Sahara-Ländern
(Quelle: Eurostat 2018)

Was kann die EU also tun? Die Förderungen kürzen, aber das würde an den Exporten wenig ändern. Ökonom Fosu sagt, Europa könne sich bei der WTO dafür einsetzen, dass das Prinzip der Gegenseitigkeit bei ärmeren Ländern lascher gehandhabt werde. Dann könnten sie vom Zugang zur EU profitieren und trotzdem die Importe zuhause einschränken.

Für die ärmsten Länder der Welt gibt es diese Ausnahmen aber schon, die auch mit den Regeln der WTO konform gehen.[140]

Damit kommen wir zu Teil zwei: Was lässt die EU auf die eigenen Märkte? Das Abkommen »Alles außer Waffen« erlaubt den 47 am wenigsten entwickelten Ländern der Welt, alle ihre Güter (außer Waffen und Munition) ohne Zölle in die EU zu exportieren. Darunter fallen die meisten Länder Subsahara-Afrikas, aber bei Weitem nicht alle: im Vergleich wohlhabendere Länder wie etwa Ghana, Kamerun oder Senegal nicht.

Trotzdem gilt die Kritik am abgeschotteten EU-Markt für die Mehrheit der Länder südlich der Sahara nicht: Die Tür zu den EU-

Konsument*innen ist für viele offen. Die EU importiert aus dieser Region auch immer mehr. Im Vorjahr wurden Lebensmittel im Wert von 13,3 Milliarden Euro aus Subsahara-Afrika importiert, etwa Kakao- und Kaffeebohnen oder Früchte, und für 8,6 Milliarden Euro dorthin exportiert.[161] Würde die EU ihren Markt ganz öffnen, wäre das für die ärmsten Länder sogar ein Nachteil. Denn dann gäbe es mehr Konkurrenz für ihre Exporte.

Wer aber nicht in den Genuss der vorteilhaften Handelsregeln kommt, bekommt den Protektionismus der EU zu spüren. Andrew Mold vom Büro der Vereinten Nationen in Kigali, Ruanda, sagt, die Union habe ein ungleiches Spielfeld geschaffen. Ärmere Länder wären in der Lage, deutlich mehr Agrarprodukte zu exportieren. Die EU-Zölle würde auf sie im Schnitt aber 8,5 Prozent betragen und die zu erfüllenden Standards seien hoch. Das erschwere den Handel und schütze Landwirt*innen in der EU.

Schadet die Agrarpolitik der EU den ärmsten Ländern der Welt? Wie wir gesehen haben, lässt sich diese Frage nicht pauschal beantworten. Wenn die EU afrikanischen Ländern im Handel aber wirklich helfen will, hat Stefan Dercon von der Uni Oxford einen mutigen Vorschlag: Früher hat die EU Exporte subventioniert, die eigenen Produkte konnten so billiger am Weltmarkt verkauft werden. Das schadete ärmeren Ländern. Sein Vorschlag: Drehen wir das Ganze um. Wie wäre es, wenn die EU jetzt Importe aus Afrika subventioniert?

Wie realistisch das ist, ist aber eine andere Frage. Auch wenn die Politik die Hebel in der Hand hat, können wir alle im Alltag einen Unterschied machen. Darum geht es im nächsten Kapitel.

Was ich gelernt habe

+ Gut gemeint ist nicht gleich gut gemacht. Wir müssen uns genau anschauen, wie wir ärmeren Ländern helfen können – manches kann auch nach hinten losgehen. Wir lernen aber durch kluge Studien immer mehr, was hilft – und was nicht.

+ Österreich kümmert sich zu wenig um das Wohl der ärmsten Menschen der Welt. Die Ausgaben für humanitäre Hilfe sind im Vergleich sehr niedrig.

Wie du dich weiter informieren kannst

i Die Bücher »Poor Economics« von Abhijit Banerjee und Esther Duflo und »More Than Good Intentions« von Dean Karlan und Jacob Appel sind zwei der spannendsten, die ich je gelesen habe – sie sind äußerst informativ und gleichzeitig gut verständlich.

Was du machen kannst

☞ Du kannst dich für eine offenere Debatte über Migration einsetzen, diskutiere mit deinen Großeltern oder bei dir daheim, zum Beispiel im Gasthaus. Wer neu nach Österreich kommt, freut sich über Hilfe. Du kannst etwa der NGO vielmehr.at schreiben. Ich habe dort auch selbst freiwillig mitgearbeitet. Auf connectingpeople.at kannst du zum Beispiel Pat*innenschaften für Geflüchtete übernehmen.

☞ Du kannst auch die Partei, die du gerne wählst, fragen, wie sie in ihrer Politik auf die Ärmsten der Welt achtet – oder mal bei der Regierung nachfragen, was sie so tut.

6. So mache ich im Alltag einen Unterschied

Und wenn ich Menschen in den ärmsten Ländern einfach Geld schicke? Mit Spenden halte ich mich meistens zurück. Zumindest bei Organisationen, von denen ich nicht genau weiß, wie sie arbeiten. Was passiert mit meinem Geld? Versickert es in der Bürokratie? Bringt es wirklich etwas? Das führt bei mir dazu, dass ich meist nur Projekte unterstütze, die ich kenne. Tolle Podcasts, Projekte auf YouTube oder Medien-Start-ups. Gleichzeitig weiß ich, dass es auf der Welt etwa 170 Länder gibt, die ärmer sind als Österreich. Dort gibt es also mehr Bedarf als hier – und vielleicht wichtigere Projekte als Podcasts. Heuer möchte ich Weihnachten als Anlass nehmen. 100 Euro für ein cooles Projekt, das Gutes tut. Aber wofür? Damit ich eine gute Entscheidung treffen kann, will ich verstehen, wann und warum Menschen überhaupt spenden. Michaela Neumayr von der Wiener Wirtschaftsuni forscht dazu; sie sagt, das sei ganz banal. Wir spenden, wenn wir gefragt werden. 80 bis 90 Prozent der Spenden werden getätigt, weil uns jemand anspricht oder wir Reklame bekommen. Wenn Menschen in einer Gruppe gefragt würden oder von jemandem, den sie persönlich kennen, würden sie eher ja sagen, meint Neumayr, weil es sozialen Druck gibt. Spenden beruhigen unser schlechtes Gewissen. Und Menschen, die Vertrauen in andere hätten, würden außerdem mehr spenden, da gebe es einen sehr starken Zusammenhang. Vertrauen habe ich, ein schlechtes Gewissen auch – und sozialen Druck? Ein bisschen, du liest ja hier mit. Aber: Wenn ich auf der Straße von einer NGO gefragt werde, sage ich höflich, aber immer nein. Ich möchte nicht unter Druck entscheiden, sondern in Ruhe. Wie finde ich aber passende Projekte? Eine Spendenanleitung der Organisation Phineo hilft.[162] Zuerst soll ich mir die Frage beantworten, was mir wichtig ist. Tiere? Menschenrechte? Die Umwelt? Dann: die Homepage checken, vor allem: die NGO googeln. Wird negativ oder positiv über sie berichtet? In Österreich gibt es außerdem das Spendengütesiegel. Es prüft, ob Organisationen seriös, nicht aber, ob Projekte sinnvoll sind.

Nächster Schritt: vielleicht mal eine E-Mail schreiben. Wer Spenden haben möchte, muss auch Fragen beantworten können. Was genau wird getan? Und: Weiß die NGO, ob ihre Maßnahmen helfen? Wenn ich die NGO wirklich unterstützen möchte, soll ich ihr das Geld »ungebunden« geben. Manche haben es gerne konkret, wollen zum Beispiel eine Ziege spenden. Wenn ich der NGO vertraue, schreibt Phineo, soll ich ihr das besser selbst überlassen. Klingt vernünftig. Michaela Neumayr macht mich auf noch etwas aufmerksam. Mein Ansatz, dass ich so viel Wert darauf lege, dass mein Geld direkt bei Menschen ankommt und nicht an Mitarbeiter*innen einer Organisation oder ins Marketing wandert, könne nach hinten losgehen. Weil so viel darauf geachtet werde, sei der Druck groß, Kosten zu reduzieren. Das könne die wichtige Infrastruktur einer NGO kaputtsparen. Meine Eitelkeit – ich will sehen, was ich bewirke – hat also Schattenseiten. Außerdem scheint sie wissenschaftlich unfundiert: Der vorhin erwähnte Ökonom Dean Karlan ist der Ansicht, manche Projekte seien einfach aufwendiger als andere und trotzdem hilfreich. Die Forschung zeige: Die bloße Tatsache, dass Organisation A billiger arbeite als Organisation B, sage wenig über deren Effektivität aus.[163]

Also lasse ich die Bürokratie in meiner Entscheidung außen vor. Wofür ich spenden will, weiß ich ungefähr: für Projekte, die das Leben von Menschen in Ländern besser machen, die wesentlich ärmer sind als Österreich. Wofür genau? Weiß ich nicht. Ich habe aber Glück, denn die NGO GiveWell nimmt mir quasi das Denken ab. Wer »gut« spenden will, kommt daran nicht vorbei. Zahlreiche Wissenschaftler*innen haben mir GiveWell empfohlen. Das ist ein Projekt einiger Hedgefonds-Manager*innen, die herausfinden wollten, wie sie ihr üppiges Gehalt am besten spenden können – und keine ordentlichen Infos fanden. Also schufen sie eine NGO, die genau das macht: Einrichtungen werden penibelst überprüft, ihre Programme wissenschaftlich abgeklopft – gibt es Beweise dafür, dass sie helfen? – und Mitarbeiter*innen berechnen, wo ein Dollar am meisten Wirkung hat. Was empfehlen sie also? Acht NGOs, die entwurmen, Malaria bekämpfen und Vitamin-A-Pillen verteilen.[164] Zur Einordnung: Würmer im Körper haben in Österreich nur Leute, die vielleicht aus einem Urlaub von weit her zurückkommen – global gesehen ist aber jeder vierte Mensch betroffen, man infiziert sich meist durch verschmutztes Wasser. Die Würmer machen müde, krank und unproduktiv. Malaria ist eine der häufigsten Ursachen für den Tod von Kindern auf der Welt – genau wie beim Entwurmen gibt es aber Medizin, die sehr gut hilft. Mit Vitamin A verhält es sich ähnlich. Wer zu wenig Fleisch isst oder kaum Nahrungsmittel, in denen das Vitamin enthalten ist, hat häufig einen Mangel – vor allem für Kinder ein riesiges Problem.[165]

Alle drei Probleme haben eines gemeinsam: Man kann sie mit klugen Programmen und Geld lösen. Die Projekte, die empfohlen werden, haben ihre Arbeit evaluieren lassen, ihre Zugänge sind wissenschaftlich fundiert, und sie können zusätzliches Geld auch sinnvoll einsetzen, ein wichtiges Kriterium für GiveWell. Im Laufe meiner Recherche ist etwas Spannendes passiert, davon möchte ich noch erzählen. GiveWell hatte ein Programm der NGO Evidence Action in ihrer Topauswahl. Was dann passierte, überzeugte mich, für sie zu spenden. Die NGO funktioniert so: Projekte werden im kleinen Rahmen von Wissenschaftler*innen begleitet. Fällt das Urteil positiv aus, wird versucht, sie groß zu machen, sodass viele Millionen Menschen davon profitieren. Genau das passierte beim Programm No Lean Season. Im ländlichen Bangladesch gibt es jedes Jahr ein paar Monate, in denen es wenig Arbeit gibt, weil die Felder bestellt sind. Vielen fällt das Einkommen weg, regelmäßig folgt eine Hungersnot, die auf Bengali sogar einen eigenen Namen hat: Monga. Wissenschaftler*innen kamen auf die Idee, einfach kleine Kredite für Bustickets zu vergeben. Die Arbeiter*innen können es sich dann leisten, in die Stadt zu fahren, verdienen mehr als das Ticket kostet und zahlen den Kredit wieder zurück. Das funktionierte im kleinen Rahmen sehr gut, Yale-Ökonom Mushfiq Mobarak begleitete das Projekt.[166] Im Schnitt ging sich für die Personen eine Mahlzeit pro Tag mehr aus. Evidence Action hat das Programm dann massiv ausgebaut und wissenschaftlich begleitet – GiveWell nahm das Projekt in seine Topauswahl auf. Vor Kurzem gaben die beiden NGOs bekannt, dass es zu Problemen kam. Die positive Wirkung, die im kleinen Rahmen festgestellt wurde, verschwand im großen – bemerkt wurde das nur deshalb, weil die Wissenschaftler*innen weiter an Bord waren. GiveWell hat das Programm nun von seiner Liste gestrichen und Evidence Action verlautbart, kein Geld mehr dafür zu nehmen.[167]

Dass eine NGO überhaupt eingesteht, dass ihre Arbeit keine Wirkung hat, finde ich erstaunlich. Wer macht das schon? Selbst wenn NGOs genau evaluieren, ob hilft, was sie machen, würden die meisten das wohl eher unter den Teppich kehren. Das möchte ich unterstützen. Wofür spende ich? Evidence Action hat noch ein anderes Programm, das GiveWell als besonders tauglich einstuft, das Entwurmungsprogramm Deworm the World.[168] Meine 100 Euro fließen an Schulen in Indien, Kenia oder Äthiopien, in denen Tabletten ausgeteilt werden. Es gibt aber auch Kritik an der Art und Weise, wie GiveWell arbeitet. Der Ökonom Daron Acemoğlu schreibt sinngemäß: Am wichtigsten für die Entwicklung eines Landes sei, wie es politisch aufgestellt sei.[169] Der Kampf gegen Korruption sei aber nicht so gut messbar wie der Einsatz von Pillen.

Auch Eva Vivalt von der Australian National University ist der Meinung, dass Programme, die langfristig helfen, so zu wenig Aufmerksamkeit bekommen. Allerdings trage GiveWell unter dem Strich dazu bei, dass NGOs besser würden, sagt sie. GiveWell hat keine Antworten auf alle Fragen. Eine Leserin hat mir einmal eine Mail geschrieben, sie spende für große Organisationen wie Greenpeace und Ärzte ohne Grenzen, für lokale wie das Integrationshaus und Ute Bock, manchmal kaufe sie die Straßenzeitung »Augustin« oder gebe Bettler*innen ein paar Münzen. Großartig. Die eine richtige Art zu spenden gibt es nicht. Auf ein paar Dinge kann man aber achten, wenn man an Organisationen spendet – Gütesiegel, Transparenz, Evaluation. Und wenn du, wie ich, sinnvoll etwas Gutes für Menschen in sehr armen Ländern tun willst, ist GiveWell eine große Hilfe.

Fairer Handel ist kompliziert

Werfen wir einen Blick auf Fairtrade. Die Arbeiter*innen in Äthiopien, die meinen Kaffee ernten, die Landwirt*innen in Peru, die Bananen anbauen: Ihr Lohn ist nicht allzu hoch, und die Arbeitsbedingungen sind wohl auch nicht rosig. Darum kaufe ich seit vielen Jahren Kaffee und Bananen mit dem Fairtrade-Siegel. Ich zahle ein bisschen mehr, dafür geht es ihnen besser. Aber wie viel wissen wir eigentlich darüber, wie sehr das wirklich hilft?

Bislang war es ziemlich schwierig, eine Antwort auf diese Frage zu finden. Es gibt hunderte Studien, die sich zum Teil widersprechen. Nun hat aber Carlos Oya von der School of Oriental and African Studies an der University of London mit Kolleg*innen eine Arbeit verfasst, die Orientierung im Dickicht der Untersuchungen liefert.[170] Oya hat mit Kolleg*innen hunderte zwischen 1990 und 2016 veröffentliche Studien analysiert, nach Qualität aussortiert und sie dann systematisch untersucht. Es ist also quasi eine Studie, die alle bisherigen Studien zusammenfasst. Das Ergebnis ist ernüchternd. Die positiven Effekte von Fairtrade und Co. auf das Leben der Menschen sind minimal bis inexistent. Wie kann das sein?

Fangen wir von vorne an, nämlich damit, wie das System überhaupt funktioniert. Das ist je nach Zertifikat unterschiedlich, Fairtrade ist aber ein gutes Beispiel, weil es am bekanntesten ist und dazu auch die meisten guten Studien vorliegen. Schauen wir uns den Prozess für Kaffee an. Fairtrade garantiert Landwirt*innen einen Mindestpreis für ihren Kaffee. Wenn die Preise am Weltmarkt also sehr niedrig sind, bekommen sie mehr als anderswo. Das gibt Sicherheit. Unabhängig davon gibt es immer einen kleinen Aufschlag auf den Preis, außerdem Schulungen für die Landwirt*innen.

Im Gegenzug verpflichten sie sich zur Einhaltung gewisser Standards, manche Pestizide dürfen etwa nicht verwendet werden. Der Anbau soll umweltschonend passieren, und man muss sich kontrollieren lassen. Dafür und für die Marke sind Gebühren fällig, für eine Kooperative mit bis zu 50 Landwirt*innen im Jahr circa 1200 Euro, im ersten Jahr 2000 Euro.[171]

Die bisherige Forschung deutet laut Oya darauf hin, dass die Produzent*innen zwar schon mehr einnehmen als mit normalem Kaffee, aber am Monatsende unter dem Strich nicht mehr Geld haben. Das könnte daran liegen, dass durch die höheren Standards der Ertrag niedriger sei, man also zwar mehr bekomme, aber dafür weniger verkaufe. Arbeiter*innen in bäuerlichen Betrieben, die mit Fairtrade zertifiziert sind, dürften sogar schlechter verdienen als auf anderen. Das sei nicht reglementiert.

Fairtrade arbeitet außerdem nicht mit einzelnen Landwirt*innen, sondern mit Kooperativen. Die bekommen die Prämien. Auf dem Papier müssen sie demokratisch organisiert sein, in der Realität sei das aber fraglich. So könne das Geld für Lagerhäuser, Schulen, aber eben auch ganz andere Dinge ausgegeben werden. Oya sagt, es gebe kaum Forschung dazu, was damit passiere. Es gebe immer auch eine dominante kleine Elite in diesen Gruppen. Seine Studie zeigt aber auch, dass Kinder von Landwirt*innen, die bei Fairtrade mitmachen, häufiger die Schule besuchen. Laut Oya ist es gut möglich, dass normale Marken wie zum Beispiel Illy für die Landwirt*innen und Arbeiter*innen besser sind. Illy etwa sage von sich, dass das Unternehmen extrem auf die Qualität des Kaffees achten würde. Bessere Marken würden in spezielle Bohnen investieren, pro Kilo bekomme der/die Landwirt*in viel mehr als bei einer Fairtrade-Kooperative.

Wie kauft Oya seinen Kaffee? Er gehe nach Qualität, nicht nach Zertifikaten. Ich habe bisher Fairtrade-Kaffee für sechs Euro das halbe Kilo gekauft. Was soll ich tun? Das sei total okay, sagt er, aber ich solle nicht automatisch davon ausgehen, dass anderer Kaffee schlechter produziert worden sei. Wenn ich mich besser fühlen würde und das Ethos von Fairtrade gut fände, dann solle ich es kaufen. Wenn er mehr Geld für etwas ausgebe, würde er aber anfangen, Fragen zu stellen. Ist ethisches Einkaufen dann sinnlos? Oya sagt nein. Er erinnert an den Textilsektor. Bewusstere Konsument*innen setzen die großen Marken unter Druck. Wenn Zara dazu gedrängt wird, Arbeitsrechte ernst zu nehmen, kann das Millionen Menschen helfen. Dazu brauche es konzertierte Aktionen von Regierungen und Gewerkschaften. So etwas sei auch in der Landwirtschaft notwendig, sagt er. Die französische Regierung setze sich zum Beispiel für bessere Standards in globalen Lieferketten ein. Und da sei auch der Beitrag von lauten Konsument*innen gefragt. Aber Fairtrade und andere Zertifikate seien im Moment nicht besonders effektiv – Marken wie Fairtrade müssten jedenfalls sorgfältiger mit ihren Versprechen umgehen, findet Oya. Demut sei angebracht. Kimberly Ann Elliott, eine Ökonomin am Center for Global Development, einer Denkfabrik, kommt in einer Analyse der wissenschaftlichen Literatur zu fairem Handel zum selben Ergebnis wie Oya. Dass sich aber immer mehr Betriebe entscheiden, bei Fairtrade mitzumachen, spricht für das Siegel. Hätten sie keinen Vorteil, würden sie wohl nicht das Geld für das Zertifikat hinlegen. Elliott schreibt, dass das wohl vor allem an Schulungen oder besserem Zugang zu Absatzmärkten liege.[172]

Ich habe den Chef von Fairtrade Österreich, Hartwig Kirner, auf einen Kaffee getroffen, um darüber zu reden. Man sei bei Fairtrade selbstkritisch und versuche, sich ständig weiterzuentwickeln. Im Kakaobereich würden zwei Handelsfirmen den Weltmarkt dominieren. Ihnen gegenüber stünden hunderttausende Kleinproduzent*innen. Die Idee von Fairtrade sei es eben, dieses Ungleichgewicht auszubalancieren. Landwirt*innen könnten über Genossenschaften gemeinsam Maschinen kaufen und sich Kredite nehmen. Fairtrade leiste darüber hinaus wichtige Aufklärungsarbeit. Er sieht die Studien naturgemäß kritisch.

Und jetzt? Ganz ehrlich: Ich weiß es nicht. Je mehr ich mich mit diesen Themen beschäftige, desto weniger Last will ich uns als Konsument*innen aufhalsen. Ja, es ist wichtig, sich Gedanken zu machen, aber die globale Ökonomie ist komplex, vernetzt, wandelt sich schnell – hier »richtig« zu entscheiden ist extrem viel verlangt bis unmöglich. Zu einer ähnlichen Erkenntnis bin ich auch bei meiner Recherche über das »richtige« Kaufen von Kleidung gekommen. Fairtrade ist sicher nicht das beste Mittel zur Bekämpfung von Armut. Wenn es aber Standards für ökologischeren Anbau gibt, finde ich das gut. Wenn ich Fairtrade-Kaffee kaufe, setze ich ein Signal. Andere Anbieter*innen sehen die steigenden Absatzzahlen und merken, dass den Menschen nicht egal ist, wie und wo produziert wird. Der Ökonom Bruce Wydick kritisiert an Fairtrade, dass es Konsument*innen von wichtigeren Dingen ablenke. Wenn jemand nichts spendet, weil er oder sie fairen Kaffee kauft, ist es wohl klüger, lieber zu spenden. Da gibt es nämlich wissenschaftlich gut evaluierte Programme, die nachweislich funktionieren. Mir ist es wichtig, mich damit auseinanderzusetzen, was ich einkaufe und warum. Meine Geldbörse ist aber wohl weniger mächtig, als ich dachte.

Lieber Geld als eine Ziege

Beim Einkaufen viel zu bewirken ist schwierig. Ein anderes Projekt macht es aber wirklich einfach, einen echten Beitrag zu leisten. Jahrzehntelang haben zigtausende Menschen in teuren Büros im Westen komplizierte Programme entworfen, um das Leben der Ärmsten dieser Welt zu verbessern. Seit einiger Zeit türmen sich aber wissenschaftliche Beweise dafür, dass man vielerorts günstiger und unbürokratischer helfen könnte als bisher. Nämlich indem man armen Menschen einfach das gibt, was ihnen am meisten fehlt: Geld. In der Entwicklungshilfe findet insofern gerade so etwas wie eine Revolution statt. Und für uns macht es das Helfen so einfach wie nie zuvor. Initiiert wurde diese Revolution unter anderem von ein paar Studierenden der Elite-Unis Harvard und MIT. Sie forschten zum Thema Armut und waren auf der Suche nach einem Weg, wie sie armen Menschen am besten helfen konnten. Studien legten nahe, dass Geldtransfers hervorragend wirken. Und weil man ärmeren Menschen über Handys immer einfacher Geld schicken konnte, gründeten sie vor zehn Jahren Give-Directly.[173] Dort kann heute jede*r von uns Geld spenden, von dem knapp 90 Prozent an Menschen in Kenia, Uganda und Ruanda ausbezahlt wird. Diese Länder wurden ausgewählt, weil dort die Armut sehr hoch und die Infrastruktur für Auszahlungen gut ist. GiveDirectly versucht die ärmsten Menschen in den Regionen zu erreichen, sie bekommen ein SMS und können damit dann in Kiosken, Tankstellen oder Supermärkten ihr Geld holen. Ein Haushalt bekommt in der Regel in etwa 1000 Dollar, was in den drei Ländern etwa ein Jahresbudget einer Familie, also sehr viel Geld ist.

Aber verschwenden die Menschen das nicht einfach, geben es etwa für Alkohol oder Zigaretten aus? Keineswegs, wie eine Evaluierung von Wissenschaftler*innen gezeigt hat.[174] Das zusätzliche Geld floss in Lebensmittel und Ausgaben für Bildung und Gesundheit. Und: Wer Geld erhält, wird auch nicht faul oder arbeitet weniger, wie der MIT-Ökonom Abhijit Banerjee schreibt.[175] Seither brachten zahlreiche neue Studien ebenso positive Ergebnisse. Eine von der Weltbank erstellte Übersicht von 19 Studien zum Thema stellt fest, dass durch die Transfers sogar weniger für Alkohol oder Zigaretten ausgegeben wird.[176] GiveDirectly ist in wissenschaftlichen Kreisen daher hochangesehen. Paul Niehaus, einer der Gründer*innen, ist selbst ein angesehener Entwicklungsökonom an der University of California in San Diego. Mittlerweile ist das Thema Mainstream und mehr und mehr Programme werden durch einfache Geldtransfers ersetzt. Die wissenschaftlichen Evaluierungen sind fast alle positiv, die Menschen sparen mehr, nehmen mehr Kredite auf, essen besser, ihre Kinder gehen öfter in die Schule, entwickeln sich kognitiv, die Menschen haben mehr Jobs, es gibt weniger Gewalt zuhause, die Geburtenrate sinkt und es wird besser verhütet.[177] Das Bild, das die Forschung zeichnet: An vielen Orten dieser Welt sind die Bedingungen, unter denen Menschen leben und arbeiten müssen, wahnsinnig schlecht. Selbst wenn die Menschen fleißig, bemüht und kreativ sind, kommen sie schwer vom Fleck. Wenn dann Geld aus dem Ausland fließt, wird es nicht verschwendet, sondern dient oft als dringend nötiger Anschub für ein besseres Leben.

Ist dann also die Lösung für alle Probleme auf dieser Welt, einfach Armen Geld zu geben? Nein. Denn für Vieles braucht es einen Staat, der funktioniert. Dass es den vielerorts nicht gibt, ist mit ein Grund, warum viele Länder arm sind. Schulen oder Krankenhäuser werden durch das Versenden von Geld nicht gebaut. Wenn eine Mutter, die Geld erhält, ihre Kinder nicht mehr zuhause als Arbeitshilfe braucht, sondern in die Schule schicken kann, ist das zwar begrüßenswert. Wenn die Schule aber miserabel ist, hilft es nur wenig. Und: Wir wissen, dass Menschen für bestimmte sinnvolle Dinge nicht gerne Geld ausgeben. In vielen Regionen ist zum Beispiel Malaria ein Problem. Das Risiko, angesteckt zu werden, kann durch mit Insektiziden behandelte Netze, die man um das Bett hängt, stark gesenkt werden. Verteilt man die Netze gratis, werden sie auch verwendet und die Infektionsraten sinken stark. Verlangt man aber einen kleinen Geldbetrag, kaufen nur mehr wenige Menschen die Netze.[178] Hier ist es also besser, wenn Regierungen oder NGOs Güter verteilen anstatt Geld. Nichtsdestotrotz hat die Wissenschaft mit Geldtransfers einen guten Weg gefunden, das Leben der ärmsten Menschen besser zu machen. Das lässt auch die Entwicklungshilfe nicht unberührt. Die US-Agentur USAID, die einen Teil der Entwicklungshilfe der USA abwickelt, hat erst ein Experiment mit GiveDirectly in Ruanda durchgeführt.[179] Es wurde überprüft, ob das Programm »Gikuriro«, das die Gesundheit von Kindern durch Tipps für Eltern in Bezug auf Hygiene, Ernährung und Bildung bessern soll, besser wirkt, als wenn man den Menschen einfach Geld gibt. Das Ergebnis: nein. Zum ersten Mal in seiner Geschichte hat USAID für dieses Experiment direkt Geld an Arme ausbezahlt. Paul Niehaus und Chris Blattman von der University of Chicago fordern, Geld zur Messlatte zu machen.[180] Organisationen, die Armut bekämpfen wollen, sollen zeigen, dass ihre Programme mehr bringen als Geldtransfers in derselben Höhe.

Bei Katastrophen schicken viele Organisationen schon jetzt einfach Geld, statt Nahrungsmittel, Decken oder Zelte zu liefern. Das International Rescue Committee (IRC), eine NGO, schickt seit 2015 in vielen Fällen Geld statt wie früher Lebensmittel, sagt Joel Chrisco, der für das IRC arbeitet. In Syrien bekämen ausgewählte Haushalte etwa 100 bis 120 Dollar im Monat. An mehr als 30.000 Haushalte sei Geld ausbezahlt worden. Auch im Jemen arbeite man so. Die Menschen könnten dann selbst entscheiden, wofür sie das Geld verwenden würden. Das stärkt auch lokale Märkte, anstatt mit Gütern aus dem Ausland Konkurrenz für heimische Firmen zu schaffen. Das ist wichtig, denn gerade die USA bestehen zum Beispiel oft darauf, dass etwa Güter in der Entwicklungshilfe von amerikanischen Firmen zugekauft werden müssen. Dabei könnte man sie vor Ort meist um einen Bruchteil kaufen. Das IRC prüft gerade, wo man Geldtransfers noch sinnvoll einsetzen kann.

Auch die NGO GiveDirectly experimentiert weiter. Noch ist Vieles unklar. Wie ist die Situation viele Jahre nach der Hilfe? Was passiert, wenn man nicht mehr nur ein paar tausend Haushalten Geld gibt, sondern vielleicht allen Armen einer Region? Wie wirkt sich das auf die Inflation, die Löhne aus? GiveDirectly will mit einer auf zwölf Jahre angelegten Studie in Kenia mehr herausfinden. In 40 Dörfern erhalten Menschen über den gesamten Zeitraum 22 Dollar im Monat, quasi ein Grundeinkommen. Der Armutsforscher Abhijit Banerjee schreibt, dass ein Grundeinkommen in den ärmsten Ländern der Welt aufgrund der vielen positiven Studien zum Thema zumindest einen zweiten Blick wert sei. Seriös beurteilen lasse sich das noch nicht.[181] Wenn ich etwas Gutes tun möchte, muss ich darauf aber nicht warten. Zu Weihnachten 2018 war es in Österreich populär, über NGOs Ziegen für Menschen in ärmeren Ländern zu kaufen. Heuer schicke ich einfach Geld an sie. Wer eine Ziege will, kann sich dann ja einfach selbst eine kaufen.

Und wenn ich mein Geld verborge?

Geld muss man aber nicht zwingend in andere Länder schicken, sondern man kann es theoretisch auch verleihen. In der Form von Mikrokrediten. Die Idee ist einfach: Wir geben armen Menschen in armen Ländern Zugang zu Krediten, sie kaufen sich damit ein paar Kühe oder investieren in einen kleinen Betrieb. Aus den Erlösen zahlen sie den Kredit zurück oder bauen ihn weiter aus, nach und nach kommen sie so aus der Armut – ganz ohne Almosen, aus eigenem Antrieb. Klingt doch gut, oder?

So gut, dass der Bangladescher Muhammad Yunus für seine Idee, Mikrokredite an Arme zu vergeben, 2006 den Friedensnobelpreis erhielt. Und jede*r von uns kann mitmachen, Organisationen wie Kiva.org oder Oikocredit lassen uns Geld anlegen, das über Kleinstkredite an Arme geht. Ich habe das vor Jahren gemacht und 1000 Euro »veranlagt«. Aber was bringt das Ganze wirklich?

Fangen wir von vorne an. Lange hatten viele Menschen auf der Welt keinen Zugang zu Krediten. Es war für Banken einfach zu riskant. In Österreich hat fast jede*r eine fixe Adresse und Sozialversicherungsnummer, es gibt Infos über unsere Bonität, wir legen Einkommensnachweise vor – und wenn wir wirklich nicht zahlen wollen oder können, kann die Bank vor Gericht ziehen und uns pfänden lassen. Vieles davon funktioniert in ärmeren Ländern nicht. Die Idee hinter Mikrokrediten: Wenn die Bank die Bonität nicht prüfen kann, lassen wir das die Menschen vor Ort selbst tun. Sie nehmen also Kredite auf, für die sie gemeinsam in Gruppen haften. Weil sich die Leute untereinander kennen, wissen sie, wer verlässlich ist – und machen Druck, dass auch jede*r zurückzahlt. Das Konzept schlug ein – 2011 gab es 195 Millionen Mikrokreditnehmer*innen.[182] Die Nachfrage nach Krediten von zehn, 20 oder 100 Dollar ist also da. Wie sehr hilft es Menschen aber dabei, der Armut zu entkommen? Das überraschende Ergebnis neuer Studien: wahrscheinlich gar nicht. Wie kann das sein? Abhijit Banerjee vom MIT erklärt es so: Es gibt keinen Grund, zu glauben, dass arme Menschen geborene Unternehmer*innen sind, so wie Mohammed Yunus das immer wieder behauptete. Selbstständig zu arbeiten ist riskant, wer nahe am Existenzminimum lebt, will eher weniger als mehr Risiken eingehen. In Indien wünschen sich 80 Prozent der Eltern, dass ihre Kinder Beamte werden.[183]

Viele ärmere Menschen, so Banerjee, machen sich selbstständig, weil sie keinen anderen Job finden. Die meisten sind in denselben Branchen tätig: In den Städten verkaufen sie Früchte, Snacks und betreiben kleine Läden. Auf dem Land haben sie ein paar Kühe oder Ziegen und bauen Getreide an. Verkaufen alle dasselbe, sind die Profite gering. Der Hype – die UN rief 2005 zum Jahr der Mikrokredite aus – brach aber nicht ohne Grund aus. Studien bescheinigten dem Konzept zunächst, gut zu funktionieren. Schon 2011 aber zeigte eine von DFID, der britischen Entwicklungshilfe, finanzierte Evaluierung der Forschung, dass die bisherigen Studien nicht verlässlich waren.[184] Seither sind zahlreiche bessere Arbeiten erschienen. Eine Übersicht der Forschungsinstitute IPA und J-Pal zu den einflussreichsten neuen Studien zeigt, dass Kredite nicht dazu führten, dass die Einkommen der Menschen stiegen.[185] Einige Finanzinstitute und NGOs erklärten sich bereit, sich von Wissenschaftler*innen begleiten zu lassen, unter anderem nach Indien, Äthiopien oder Bosnien. Manche bauten mit dem Geld ein Geschäft aus, ihre Profite sind aber selten gestiegen. In fünf von sieben Ländern ist nicht einmal ihr Umsatz gestiegen. In Marokko haben Kreditnehmer*innen mehr Gewinn gemacht, arbeiteten dafür aber weniger in anderen Jobs. Unter dem Strich hatten sie nicht mehr Geld.

Bei Oikocredit gibt man sich den Studien gegenüber skeptisch. Laut Helmut Berg, Sprecher des Österreich-Ablegers, vergebe man nur Kredite, die Einkommen generieren würden. Die klassische Mikrokreditnehmerin sei eine Frau, die dadurch einen Arbeitsplatz schaffe. Es gebe aber mittlerweile viele kommerzielle Anbieter, die keine soziale Ausrichtung hätten und Kredite auch für Konsum vergeben würden. Untersuchungen aus Marokko und Äthiopien bestätigen aber die wenig positiven Ergebnisse auch für NGOs, die nur Kredite an potenzielle Unternehmer*innen vergaben.[186] Sind die Kleinstkredite von NGOs effektiver? Britta Augsburg vom Institute for Fiscal Studies, die eine Studie in Bosnien begleitete, meint dazu, sie kenne keine rigorosen Studien, die diese Aussage decken würden. Unter dem Strich hätten Mikrokredite wohl keine Auswirkung auf Armut, schreibt auch David Roodman vom Center for Global Development, der ein Buch zum Thema verfasste.[187]

Auf seiner Homepage schreibt Oikocredit, oft würde der Kauf einer Kuh reichen, um der Armut zu entkommen. Auf Kiva.org steht, ein Kredit für ein Schwein könnte das Einkommen von Landwirt*innen dramatisch erhöhen. Beide Aussagen scheinen unter dem Strich einer seriösen wissenschaftlichen Betrachtung nicht standzuhalten. Das heißt aber nicht, dass Mikrokredite schlecht sind. Viele Menschen nehmen sie in Anspruch, und das zeigt, dass sie gebraucht werden. Sie scheinen kein Weg aus der Armut zu sein, geben aber armen Menschen Zugang zu Krediten, die sie flexibler in ihren Entscheidungen machen, wofür sie wann Geld ausgeben. Ein kaputtes Dach ist dann vielleicht kein Grund mehr dafür, eine Ziege zu verkaufen. Manche machen sich mit dem Geld selbstständig oder bauen ihren kleinen Betrieb aus. Für größere Betriebe sind die Beträge zu klein, und für die Wenigsten ist es eine Sprosse auf der Leiter aus der Armut. Was heißt das für mich? Die Ökonomin Esther Duflo schreibt: Die Kredite helfen zwar, aber nicht so, dass es Spenden an Mikrokreditorganisationen rechtfertigen würde.[188] Dann mache ich das also nicht mehr.

Pack die Badehose ein

Und mein Urlaub? Ist der Tourismus eine Chance für die ärmsten Länder der Welt? Ja, denn Reisende bringen Geld und schaffen dringend benötigte Jobs. Das kann aber auch nach hinten losgehen, wenn Menschen ausgebeutet werden oder neu gebaute Hotels die lokale Bevölkerung verdrängen. Und dann wäre da ja auch noch die Klimakrise – dazu später mehr.

Wenn ärmere Länder auf der Leiter der wirtschaftlichen Entwicklung nach oben wollen, ist der Exportsektor oft das Mittel der Wahl. Denn die eigene Bevölkerung ist großteils arm und die Kaufkraft daher niedrig. Traditionell läuft das über simple Industriegüter, das Spinnen von Baumwolle oder die Herstellung von Plastikspielzeug. Viele tun sich aber schwer, eine solche Industrie aufzubauen – Ausnahmen in Asien bestätigen die Regel. Darum gehört auch der Tourismus zur Entwicklungsstrategie vieler Länder. Statt Produkte ins Ausland zu exportieren, werden sie vor Ort an Ausländer*innen verkauft. Kambodscha erzielt so 27 Prozent seiner Exporteinnahmen, der afrikanische Inselstaat São Tomé und Príncipe gar 73 Prozent.[189] Der Tourismus biete Chancen für ärmere Menschen, weil für die Jobs – als Fahrer*innen, im Bau oder in der Hotellerie – oft keine Ausbildung nötig sei, schreibt Tun Lin von der Asiatischen Entwicklungsbank in einer Studie.[190] Außerdem sorge er für eine bessere Infrastruktur und Sicherheit, fördere den Nationalstolz und bringe Steuereinnahmen für den Staat. In ein ärmeres Land zu fahren und dort Geld auszugeben heißt aber nicht automatisch, auch etwas Gutes zu tun. »Der beste Weg wäre, lokale Unternehmer zu unterstützen«, schreibt Matteo Natalucci.[191] Aber die meisten Tourist*innen bestünden auf einer Klimaanlage und westlichen Konsumgütern, die sich lokale An-bieter oft nicht leisten können. In Costa Rica etwa gehören zwei Drittel der Ressorts ausländischen Firmen.

In Kambodscha bauen laut Susanne Becken von der Griffith University in Brisbane chinesische Investoren große Ressorts, bringen eigene Mitarbeiter*innen ins Land, die lokale Bevölkerung wird oft verdrängt und hat wenig davon. Je mehr man vor Ort bei lokalen Anbietern buche, desto besser. Nicht zu fahren wäre aber das völlig falsche Symbol. Am Ende des Tages komme es darauf an, wo das Geld hingehe. Wichtig sei auch, sich an das Verhalten und die Kultur vor Ort anzupassen und Müll zu vermeiden, weil die Abfallsysteme oft nicht gut funktionieren würden. Manche haben Bedenken, autokratische Länder zu bereisen, weil damit die Regierung unterstützt wird. Becken meint dazu: »Wenn man gar nicht fahren würde, würden die Menschen vor Ort draufzahlen.« Sie sei etwa einmal nach Tibet gereist und habe darauf geachtet, dass die Firma Tibeter*innen anstelle. Eine Studie der Universität Dar es Salaam kommt zum Ergebnis, dass der Tourismus in Tansania auch andere Sektoren der Wirtschaft stimuliere.[192] Das scheint auch in Mexiko so zu sein: Regionen mit mehr Tourismus haben auch mehr Industriebetriebe.[193] Das könnte einigen Ökonom*innen zufolge an Investitionen in Infrastruktur oder einem weiter entwickelten Dienstleistungssektor liegen. Mauri-tius ist eines der wenigen afrikanischen Länder, in dem es fast keine extreme Armut mehr gibt. Die Insel war 150 Jahre lang wie viele andere ärmere Länder vom Rohstoffexport abhängig, von Zucker. Heute arbeiten viele im Textilsektor und im Tourismus.[194] In 20 der 48 am wenigsten entwickelten Länder der Welt ist der Tourismus laut Weltbank das wichtigste oder zweitwichtigste Exportgut.[195] Insgesamt fließen aber immer noch nur etwa fünf Prozent der globalen Ausgaben für Urlaube in die am wenigsten entwickelten Länder, sagt Susanne Becken. Es fehle oft an Flughäfen, Hotels und Attraktionen. Laut Weltbank sind aber 2015 schon dreimal mehr Menschen in ärmere Länder gereist als zehn Jahre zuvor.

Harald Friedl von der FH Joanneum in Graz warnt aber. Nachhaltiger Ferntourismus sei ein Widerspruch in sich, ein Kreuzfahrtschiff etwa hochproblematisch, mit massiven Emissionen, die indirekt – nämlich durch den Klimawandel – Armutsbetroffenen am meisten Schaden zufügen würden. Das gelte auch für den Flugverkehr, sei aber komplex, würde man ihn nämlich unterbinden, gäbe es sehr bald Bürgerkriege, weil wichtige Arbeitsplätze wegfallen würden. Friedl meint, wenn schon Ferntourismus, dann solle man so lange wie möglich bleiben. Ein absolutes Tabu ist für ihn der Wochenendflug nach New York. Man solle so viel Geld wie möglich lokal ausgeben, damit sich die Klimaschädigung wenigstens für die Leute lohne. Er empfiehlt den Ratgeber *Reisen mit Respekt*. Der Tourismusethiker ist selbst zweimal per Anhalter durch die Sahara gereist und hat nachhaltige und sozialverträgliche Touren in Algerien organisiert. Wie reist er? Im näheren Umfeld. Er wolle, dass seine Kinder Regionen kennenlernen, die bei uns einen schlechten Ruf hätten, sagt er. Er fahre nach Bosnien oder Rumänien, habe die Slowakei kennengelernt und immer in kleinen Unterkünften übernachtet.

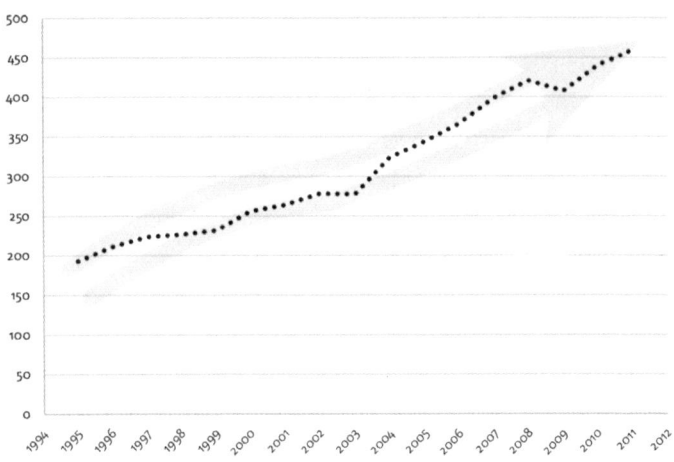

Abb. 18: Tourist*innen in ärmeren und mittelreichen Ländern in Millionen
          Gästen (Quelle: UNWTO)

Wer »gut« reisen wolle, habe zwei Möglichkeiten. Die einfache
Variante sei, sich einen Anbieter zu suchen, der auf nachhaltige
Reisen spezialisiert sei. Die finde man etwa beim »Forum Anders
Reisen«. Die Schwierigere sei es, sich de facto als Forscher*in zu
betätigen. Man müsse sich durch Websites kämpfen, einlesen,
dann einfach mal runterfliegen und sich dem Ganzen ausliefern.
Das sei die Königsdisziplin des Reisens, weil man die Komfort-
zone verlasse und sich seinen Ängsten und Vorurteilen aussetze.
Diese Verletzlichkeit führe zu Gesprächen, Kontakten und Einla-
dungen. Das Reisen verlangsamen, das Handy und die Kamera
weggeben, keine fixe Route haben und sich auf Gespräche einlas-
sen. Das seien meistens die sensationellsten Erfahrungen, sagt
Friedl. Und es sorgt auch dafür, dass Geld nicht in einem Reise-
büro stecken bleibt, sondern direkt bei den Menschen vor Ort
ankommt. Zum Klimawandel trägt es aber ziemlich sicher trotzdem bei. Und dem widme ich mich jetzt im nächsten Kapitel.

Was ich gelernt habe

+ Fairtrade ist eine tolle Initiative, die aber an Grenzen stößt. Ich kaufe meine Bananen aber weiterhin mit dem Fairtrade-Siegel. Mit Mikrokrediten ist es ähnlich. Es ist gut, dass es sie gibt, aber sie sind kein Werkzeug dafür, um viele Menschen nachhaltig aus der Armut zu holen. Ich gebe mein Geld nicht mehr dorthin.

+ Wenn ich Menschen direkt helfen möchte, kann ich über Give-Directly verlässlich Geld an Haushalte in den ärmsten Ländern der Welt schicken. GiveWell hilft mir dabei, wenn ich Projekte unterstützen möchte. Reisen bringen Geld in ärmere Länder.

Wie du dich weiter informieren kannst

i Auf GiveWell.org findest du viele Informationen über tolle Projekte, für die du auch spenden kannst. Im Ratgeber *Reisen mit Respekt* kannst du dich zu umwelt- und sozialverträglichem Reisen einlesen. Du findest ihn kostenlos online. Im Forum An-ders Reisen findest du konkrete Ideen für potenzielle Reisen.

Was du machen kannst

☞ Du kannst dir Gedanken über eine ganz andere Reise machen. Such dir etwa ein relativ sicheres, ärmeres Land und informie-re dich, wie du abseits der großen Tourist*innenströme etwas erleben kannst. Wenn du Reisebüros vermeidest, bleibt mehr Geld im Land.

7. Der Kampf gegen die Klimakrise ist zentral

Reden wir über den Elefanten im Raum: die Klimakrise. Wenn ich mich dafür einsetzen möchte, dass wir irgendwann in einer Welt leben, in der es keine Armut mehr gibt, dann ist der Kampf gegen die Klimakrise wahrscheinlich der Bereich, in dem wir in Europa den größten Hebel haben. Denn sie könnte binnen kürzester Zeit alle Erfolge, die die Welt in den vergangenen Jahrzehnten gegen Armut erreicht hat, wieder zunichtemachen – und wahrscheinlich noch viel mehr Armut produzieren.

Mehr Hagel, Hochwasser, Fluten und Stürme, mehr Dürren, Hunger und Hitzetote. Es kommt aber nicht nur mehr davon, die Extremereignisse werden auch länger und heftiger. In Kanada oder Russland, wo es heute sehr kalt ist, wird es wärmer. Dort lebt aber nur ein kleiner Teil der Welt. Vor allem die meisten ärmeren Menschen leben in heute schon heißen Ländern, wo die Sonne glüht, in großen Teilen Afrikas, in Indien und Brasilien. Die Ärmsten der Armen können es sich am wenigsten leisten, sich davor zu schützen. Viele kleine Werkstätten oder Fabriken in diesen Ländern haben keine Klimaanlagen. Wer ein Feld bestellen muss, leidet noch viel stärker. Wenn Teile Afrikas von der einen Flut in die nächste Dürre kommen, werden Konflikte und Migrationsdruck zunehmen. Politisch instabile Länder wie der Sudan oder der Jemen werden geradezu gekocht. Ohnehin schwache Ernten werfen dann noch weniger ab, obwohl mehr Menschen zu ernähren sind. Bangladesch, das große Erfolge im Kampf gegen Armut erreicht hat, droht überschwemmt zu werden. Einer von acht Menschen dort ist Diabetiker und besonders gefährdet, wenn die nächste Hitzewelle kommt, die Sterberaten gehen hoch.[196] Gleichzeitig trägt die Klimakrise zum großen Artensterben bei. Haben wir einen Plan?

Auf dem Papier, ja. Das Abkommen von Paris. Es will erreichen, dass die globale Durchschnittstemperatur im Vergleich zum vorindustriellen Zeitalter maximal um zwei Grad steigt, besser wären nur 1,5 Grad. Das würde aber nur die durchschnittliche Temperatur betreffen. Zwei Grad hieße, dass heiße Tage um vier Grad wärmer wären. Zwei Grad hieße auch, dass mehrere Kipppunkte wahrscheinlicher würden.[197] Ab einem bestimmten Punkt lassen sich manche Veränderungen im Klimasystem nicht mehr aufhalten: etwa, dass der Eisschild in Grönland verschwindet und den Meeresspiegel um bis zu sieben Meter erhöht, dass der Amazonas abzusterben beginnt oder dass sich Meeresströmungen im Atlantik, die für unser Wetter verantwortlich sind, stark verändern. Zwei Grad sind also schon gefährlich. Die Pläne, die die Regierungen im Rahmen des Paris-Abkommen vorgelegt haben, führen uns laut UNEP, dem Umweltprogramm der Vereinten Nationen, aber zu drei Grad.[198] Hier sprechen Klimaforscher*innen schon von einer globalen Katastrophe.

Wenn bereits eine Million Migrant*innen die Europäische Union 2015 destabilisiert hat, dann kann man sich vorstellen, was in der Zukunft passiert. Viele Millionen Menschen werden migrieren, weil der Klimawandel Felder unbrauchbar und Wasser knapp macht und Gebiete von Stürmen zerstört oder im Meer versinken werden.[199] Bei drei bis vier Grad wird geschätzt, dass bis zu 550 Millionen Menschen zusätzlich an Hunger und bis zu vier Milliarden Menschen mehr an Wasserknappheit leiden könnten. Die Wahrscheinlichkeit, dass mehrere große Ökosysteme auf der Erde gleichzeitig außer Kontrolle geraten und die Erwärmung von sich aus weiter antreiben, steigt bei drei Grad auf 40 Prozent. Bei mehr als drei Grad droht der Hälfte aller Spezies auf der Welt das Aussterben. Wir sind aber weit davon entfernt, die Pläne von Paris einzuhalten und so drei Grad anzusteuern. Derzeit nähern wir uns im Jahr 2100 einer Erwärmung um vier Grad. Vier Grad setzen 70 Prozent der Weltbevölkerung tödlichem Hitzestress aus, über zwei Milliarden Menschen sind mit neuen Krankheiten konfrontiert, wie dem Denguefieber oder dem Zika-Virus, weil Mücken die Erreger in weitere, nun ebenfalls wärmere Gebiete tragen.[200]

All das sind nur Schätzungen. Es könnte nicht so schlimm werden oder aber auch viel schlimmer. Selbst wenn wir die Kriterien erfüllen, die uns nach unserem jetzigen Wissen wahrscheinlich auf drei Grad bringen, könnten daraus dann tatsächlich sechs Grad werden. Die Modelle sind mit großer Unsicherheit behaftet. Die Wahrscheinlichkeit, dass wir sechs Grad bekommen, liegt bei über zehn Prozent, selbst dann, wenn wir die Vorgaben für drei bis vier Grad einhalten, wie die Ökonomen Gernot Wagner und Martin Weitzman berechnet haben.[201] Bei sechs Grad droht uns eine Welt, in der der Großteil der Menschen auf der Welt existenziell bedroht ist – und die meisten Tiere ausgestorben sein könnten. Wir müssen die Klimakrise in den Griff bekommen. Nur wie?

Ab in den Süden

In diesem Buch versuche ich herauszuarbeiten, was ich persönlich und jede/r Einzelne machen kann. Ich beginne deshalb mit einem Geständnis. Ich bin mit schuld. 2018 bin ich sechsmal in den Flieger gestiegen. Ich liebe es, in kurzer Zeit irgendwo anders, weit weg zu sein. Nur habe ich damit genauso viel CO_2 in die Luft geblasen wie ein durchschnittlicher Österreicher mit Heizen, Auto, Urlaub und allem Drum und Dran im ganzen Jahr. Muss ich aufhören zu fliegen?

Fangen wir von vorn an, damit, wie schlecht Fliegen für das Klima ist. Das ist schnell beantwortet: sehr. Flugzeuge verbrennen Kerosin, dadurch entsteht CO_2. Sie tragen damit pro Kilometer und Passagier*in doppelt so viel zur Erhitzung der Erde bei wie ein benzinbetriebener Pkw (auch kein Klimavorbild). Stickoxide und Kondensstreifen treiben die Erhitzung mit an.

Weil ein Flugzeug weiter fliegt, als das durchschnittliche Auto fährt, ist seine Klimabilanz eine einzige Katastrophe. Ich bin fast nur mit dem Rad unterwegs und esse kaum Fleisch, das bessert meine Bilanz aber nur wenig auf. Nur 17 Prozent der Österreicher*innen fliegen mehr als einmal im Jahr, der Rest selten bis nie.[202] Kaufen sie mich frei?

Tatsächlich ist das Fliegen laut dem Weltklimarat nur für drei Prozent der globalen Erhitzung verantwortlich. Und: Wenn wir für irgendetwas CO_2 in die Luft pumpen, dann ist das Kennenlernen der Welt vielleicht einer der besten Gründe dafür. Leider mache ich es mir damit aber zu einfach.

Denn auch Häuser zu heizen, in die Arbeit zu kommen oder eine Fabrik zu betreiben ist nützlich und erhitzt den Planeten. Weil man dort das CO_2 nicht von heute auf morgen herausbekommt, ist Fliegen ein großes Problem. Um das wichtige Paris-Ziel von 1,5 Grad mit einer Wahrscheinlichkeit von zwei Dritteln zu erreichen, haben wir nur mehr 420 Gigatonnen CO_2 übrig – und wir blasen an die 40 Gigatonnen im Jahr in die Luft. (Eine Gigatonne sind eine Milliarde Tonnen. Wir in Österreich verbrauchen pro Nase etwa zehn Tonnen im Jahr.)[203]

Wir – und das schließt mich leider mit ein – müssen also so schnell wie möglich so viel CO_2 wie möglich einsparen. Noch fliegen global nur ein paar Prozent der Menschen, aber das ändert sich gerade rasch. Immer mehr haben das Geld, um in den Urlaub zu fliegen, das ist toll, aber für das Klima schlecht. Die Emissionen aus dem Flugverkehr dürften sich, trotz effizienterer Maschinen, bis 2030 verdoppeln.[204]

Weniger zu fliegen würde mir aber extrem schwerfallen, der Kurzurlaub mit Freunden in Bukarest oder die Reise nach Kolumbien im Winter: Was ist, wenn ich mein CO_2 einfach kompensiere? Anbieter dafür gibt es seit vielen Jahren. Man gibt an, wohin man geflogen ist, und zahlt für das angefallene CO_2 Geld. Je nach

Anbieter mehr oder weniger, ein Tipp von Auskenner*innen: je teurer, desto seriöser.

Mit dem Geld werden dann – wie beim angesehensten Anbieter Atmosfair – alte Holzöfen in Ruanda ausgetauscht oder Windparks in Nicaragua finanziert.[205] Die Idee dahinter ist, dass das CO_2, das ich mit meinen Flügen verursache, anderswo wettgemacht wird. Das Problem: Wir können schlicht und einfach nicht so viel kompensieren, wie wir CO_2 in die Atmosphäre blasen.

Außerdem: Das CO_2 vom Flieger ist schon in der Luft. Das ist kein Modell für einen Umgang mit der Klimakrise. Ansonsten müsste man, überspitzt formuliert, die ganze Erde mit Bäumen vollpflanzen. Helga Kromp-Kolb, die lange an der Wiener Universität für Bodenkultur forschte, sagt, der Fokus müsse sein, erst gar kein CO_2 zu verursachen. Wenn man Flüge so stark reduziert habe wie nur möglich, sei es besser, man kompensiere, als man tue es nicht. Gefährlich sei aber das Gefühl, dass Fliegen dann eh okay sei, denn das vertrage der Planet einfach nicht.

Ich habe 2018 knapp 1700 Euro für Flüge ausgegeben. Dafür muss ich bei Atmosfair um 219 Euro kompensieren. (Und habe das nach der Recherche auch getan.) Gar nicht so teuer. Aber warum sollte eigentlich ich mich um die Rettung des Klimas kümmern? Gibt es dafür nicht die Politik? Die Klimakrise ist eine enorme Bedrohung für die Art und Weise, wie wir leben. Wenn freiwilliger Verzicht und Kompensation unsere klügsten Antworten darauf sind, wäre das ziemlich traurig. Nun ja.

Derzeit wird bestraft, wer klimafreundlich unterwegs ist. Mit dem Zug zu fahren ist häufig teurer als zu fliegen. Die Anreize sind völlig verfehlt. Wenn du deinen Opel tankst, zahlst du Mineralölsteuer, die AUA zahlt für ihr Kerosin keine. Außerdem sind Tickets von der Mehrwertsteuer ausgenommen. In Österreich geht es sogar in die gegensätzliche Richtung: 2018 wurde die Ticketsteuer halbiert.[206] Aus ohnehin niedrigen sieben Euro für Kurzstreckenflüge wurden mickrige 3,50 Euro!

Wenn es um politische Lösungen für die Klimakrise geht, wird zudem ein Preis für CO_2 gefordert. In der EU gibt es den schon. Betriebe, die viel CO_2 verursachen, müssen Zertifikate dafür kaufen. Auch Airlines. Die billigen Flüge nach Berlin, Paris oder Brüssel zeigen aber, wie gut das funktioniert. Um die Industrie zu schonen, wurden viele Papiere verschenkt. Airlines erhalten 82 Prozent gratis.[207] Und auch wenn der Prcis für die restlichen Papiere zuletzt gestiegen ist, ist er mit derzeit gut 25 Euro viel zu niedrig.[208] Das Ziel sei gewesen, Firmen damit zu motivieren, in innovative Technologien zu investieren, sagt der Ökonom Stefan Schleicher. Das sei nicht erreicht worden. Dass der Preis bis 2030 stark steige, etwa auf 40 Euro, sei sehr unwahrscheinlich.

Die Luftfahrt hat es außerdem geschafft, sich sowohl aus dem Kyoto- als auch aus dem Pariser Klimaabkommen hinauszulobbyieren. Die Industrie hat einen eigenen Pakt verhandelt, die CORSIA-Resolution. Sie legt fest, dass die Airlines das CO_2, das über das Niveau von 2020 hinausgeht, kompensieren müssen. Flieger tragen auch über Stickoxide zur Erhitzung bei, das ist aber laut Martin Cames vom Öko-Institut nicht berücksichtigt. Und selbst wenn die CO_2-Emissionen auf dem Niveau von 2020 blieben, sei das noch immer sehr viel CO_2.

Die Politik scheint also zu schlafen. Und neue technische Lösungen? Wenn wir E-Autos bauen, damit wir weiterhin Auto fahren können, warum bauen wir nicht einfach auch E-Flieger? Weil die Batterien zu schwer sind, meint Andreas Schafer vom University College London. Derzeit könnte ein Passagierjet damit wohl nicht einmal abheben. Würden Akkus aber weiter so rasch effizienter werden wie zuletzt, könnten wir vielleicht in ein paar Jahrzehnten einen Teil der Luftfahrt elektrisch betreiben. Zeit, die wir in der Klimakrise nicht haben. »Wir brauchen einen radikalen Wandel«, sagt Schafer.

Eine andere Idee: Biokraftstoffe. Kerosin soll künstlich hergestellt werden, etwa indem man aus Wasserstoff und CO_2 wieder Kerosin macht. Auch diese Technologie steht aber noch am Anfang und man vermeidet auch das CO_2 beim Fliegen nicht ganz, mindestens 20 Prozent CO_2-Ausstoß würden laut Schafer bleiben. Wenn die Zahl der Flüge so wachse wie derzeit, würden die Emissionen damit hoch bleiben.

Technische Lösungen sind also Zukunftsmusik, und bevor ich in Pension gehe – ich bin 29 – kein Ausweg. Im Gegensatz zur Elektrizität sei die Luftfahrt sehr schwierig zu dekarbonisieren, sagt Schafer. Und jetzt? Ist die Antwort auf die Klimakrise, nicht mehr zu fliegen?

Klimaökonom Schleicher sagt, wir haben immer noch einen gesellschaftlich berechtigten Bedarf an Flügen. Im Berufsleben seien persönliche Kontakte oft schlicht notwendig. Das müsse man akzeptieren. Er fahre in zwei Wochen von Wien nach Zürich und werde die Bahn nehmen. Bei vielen anderen Zielen gehe das aber nicht. Ein Ärgernis sei der Freizeitverkehr, etwa der Shopping-Ausflug nach Mailand. Oder mein Kurztrip nach Bukarest. Wir hätten auch mit der Bahn woanders hinfahren können. Ich war im Vorjahr zweimal in Berlin, mit besserer Planung hätte ich Busse nehmen können. Laut Schleicher ist der/die Einzelne gefragt, weil die Politik das Problem allein nicht stemmen kann. Das löse man nicht mit einer Kerosin- oder CO_2-Steuer. Dann kämen nämlich zum 50-Euro-Flug nach Malaga vielleicht 20 Euro dazu.

Die Klimaforscherin Helga Kromp-Kolb von der Wiener Universität für Bodenkultur sagt, Konferenzen könne man auch über das Internet machen, auch wenn es manchmal trotzdem notwendig sei zu fliegen. Sie meint aber, wir müssten einfach unseren Lebensstil ändern. In Schweden würden die Leute anfangen, sich für das Fliegen zu genieren. Diese geänderte Stimmung sei, was wir auch in Österreich brauchten.

Mahlzeit!

Wenn wir uns unsere persönliche Klimabilanz anschauen, ist für viele von uns neben dem Fliegen das Schnitzel ein anderer wichtiger Beitrag zum Klimawandel. Die Sommer der letzten Jahre haben es gezeigt: Der Klimawandel ist da, und Landwirt*innen sind von Dürren und extremer Hitze besonders betroffen. Gleichzeitig ist die Landwirtschaft aber selbst einer der Sektoren, die Klimaforscher*innen starke Kopfschmerzen bereiten, weil vor allem Rinder stark zur Erhitzung der Erde beitragen. Ähnlich wie beim Fliegen gibt es keinen einfachen Weg, die Emissionen zu reduzieren. Solange wir Fleisch essen, bleiben sie hoch. Ich liebe Fleisch und sorge mich ums Klima – ein Widerspruch?

Das mit dem Fleisch und der Klimakrise ist schnell erklärt: Wiederkäuer, relevant sind hier vor allem Rinder, furzen und rülpsen, dabei entsteht Methan, das die Erde bedeutend stärker erhitzt als etwa CO_2. Ihr Futter wird auf Äckern angebaut, die gedüngt werden, bei Kunstdünger kommt Lachgas in die Luft, das die Erhitzung noch stärker antreibt, Gülle enthält ebenfalls Methan und CO_2. Zu Rülpsern und Dünger kommen noch die Böden. Die speichern eigentlich Kohlenstoff, werden sie aber unachtsam bewirtschaftet, gelangt CO_2 in die Atmosphäre. Was heißt das für das Klima?

Eine umfassende Berechnung stammt vom Umweltforscher Joseph Poore von der University of Oxford: Die Landwirtschaft ist global für 26 Prozent der menschengemachten Erderwärmung verantwortlich.[209] In Österreich sind es neun Prozent, andere Länder heben den Schnitt.[210] Für Menschen sei ein Umstieg in der Ernährung auf nicht-tierische Produkte einer der größten Hebel, einen Beitrag zur Rettung des Klimas zu leisten, so Poore. Was, wenn sich die ganze Welt morgen vegan ernähren würde? Wir bräuchten drei Milliarden Hektar weniger Fläche – das wäre ein Minus von 76 Prozent. Tiere zu essen ist nicht effizient, für ihre Nahrung braucht man viel Fläche, auf der man auch einfach gleich unsere Nahrung anbauen könnte.

Die ganze Welt wird nicht vegan leben, wollen wir aber die Klimakrise bewältigen, muss die Landwirtschaft einen Beitrag leisten. Um unter zwei Grad zu bleiben, dürfen wir 2050 wohl eigentlich keine Treibhausgase mehr ausstoßen. Weil das insgesamt de facto unmöglich ist – beim Fliegen oder Produzieren von Stahl oder Zement gibt es derzeit keine Alternative –, müssen manche Sektoren auch danach einiges an Klimagasen ausstoßen dürfen. Dazu gehört die Landwirtschaft: Die Emissionen sollen zumindest nicht weiter steigen, so das Ziel. Um netto auf null zu kommen, kann man dann Bäume pflanzen oder anders CO_2 binden. Ist das realistisch? Nun ja, Wissenschaftler*innen prognostizieren bis 2050 einen Anstieg der Emissionen in der Landwirtschaft um 87 Prozent. Weil die Weltbevölkerung wächst und sich mehr Menschen so wie wir im Westen ernähren, mit viel Fleisch, Milch und Eiern. Und jetzt?

Es kann sich nicht die ganze Welt so ernähren wie wir. Für diese Aussage braucht es keine Wissenschaft, das ist längst ein Allgemeinplatz. Eine Welt, die sich gegen die Erwärmung stemmt, muss ihre Ernährung umstellen, heißt es in einer Studie von 37 Forscher*innen aus 16 Ländern.[211] Sie haben so etwas wie einen Ernährungsplan für die Welt erstellt: hauptsächlich Gemüse, Obst, Vollkornprodukte, Hülsenfrüchte, Nüsse und ungesättigte Fette. Der ist nicht nur gut für das Klima, sondern auch für uns, wir würden gesünder und länger leben. Schlechte Ernährung tötet auf der Welt mehr Menschen als Rauchen, Drogen, Alkohol und ungeschützter Sex zusammen. Ab und zu Meeresfrüchte, Hühnchen und ein wenig Rind- oder Schweinefleisch sind aber trotzdem noch drinnen, schreiben die Forscher*innen.

Hängt der erfolgreiche Kampf gegen die Klimakrise wirklich davon ab, dass wir uns alle großteils vegan ernähren? Ist es so hoffnungslos? Nicht nur. Agrarbetriebe könnten besser auf Böden achten, effizienter düngen und durch fortschrittliche Technik die Produktivität erhöhen, also mehr auf gleicher Fläche produzieren, so die OECD.[212] Ohne eine Steigerung der Produktivität bräuchten wir für die Landwirtschaft bis 2050 zusätzlich die doppelte Fläche Indiens, um die wachsende Weltbevölkerung zu ernähren, schreibt das World Resources Institute. Mehr Äcker und weniger Wiesen wären schlecht fürs Klima.[213]

Wie ist es eigentlich in Österreich? Besser. Die Emissionen in der Landwirtschaft sind seit 1990 um 13 Prozent gesunken, einerseits, weil es weniger Tiere gibt, aber auch weil weniger intensiv gedüngt wird. Es habe sich viel getan, sagt Martin Gerzabek von der Wiener Universität für Bodenkultur. Seit einiger Zeit nehme auch die organische Substanz im Boden – der Humus – wieder zu. In Österreich haben wir 20 Prozent Bio-Landwirtschaft und auch konventionelle Landwirt*innen arbeiten nachhaltiger. Es wird also Kohlenstoff gebunden: gut für das Klima. Allerdings meint Gerzabek, dass wir mehr davon bräuchten. Die Landwirtschaft könne mehr zur Milderung des Klimawandels beitragen. In der Klimastrategie der türkis-blauen Regierung kam sie aber erst gar nicht vor. Im Papier stand nur, Emissionsreduktionen seien hier besonders schwierig. Man müsse dort ansetzen, wo die Emissionen stiegen und hoch seien, rechtfertigte das ein Sprecher des Umweltministeriums. Darum legte man den Fokus auf Verkehr und Gebäude.

Aber selbst wenn alle Landwirt*innen und Agrarbetriebe auf der Welt nachhaltiger wirtschaften, ist das Grundproblem das gleiche: Rinder rülpsen und furzen. Pro Kopf stoßen wir in Österreich zehn Tonnen CO_2 im Jahr aus. Wer sich vegan ernährt, spart knapp eine Tonne. Damit ist die Welt nicht gerettet: Ein Hin- und Rückflug von Wien nach Lissabon gleicht das schon wieder aus. Aber es ist einer der mit Abstand stärksten Hebel, die wir individuell mit unserem Konsum haben.

Für mich ist das aber nichts – das habe ich 2018 entschieden. Ich habe im Oktober probeweise einen Monat vegan gelebt und fand es lehrreich, aber nicht so toll. Am Würstelstand mit Freund*innen Brot mit Senf zu essen macht nicht sehr viel Spaß. Dass ich das nicht durchziehe, habe ich schnell entschieden. Etwa, nachdem ich mir nach Wochen eingestanden habe, dass Hafermilch wirklich nicht besser schmeckt als Kuhmilch. Vegan? Nichts für mich, auch wenn ich mir Mühe gebe, wenig Fleisch zu essen.

Vielleicht wird es künftig ja einfacher: In den USA soll es Ende des Jahres in allen Burg-King-Restaurants den »Impossible Burger« geben – mit veganem Patty. Schmeckt und sieht aus wie Fleisch, ist aber aus Wurzeln von Sojabohnen gemacht. »Beyond Meat«, ein anderer Anbieter, ist gerade an die Börse gegangen und mittlerweile vier Milliarden Dollar wert.

Vegan muss auch gar nicht sein. Der von Forscher*innen ausgearbeitete klimafreundliche Ernährungsplan für die Welt sieht den Flexitarismus als Zukunftsmodell: Fleisch gibt es nur mehr selten, dann schmeckt es dafür besonders gut. Damit kann ich leben – und die Erde auch.

Das bringt doch alles nichts, oder?

Manche ziehen es aber durch und leben vegan. Bringt doch nichts, ätzen deshalb andere. Und ja, auf den ersten Blick könnte man wirklich darüber lachen. Die Klimakrise ist eine der größten Herausforderungen, vor der die Welt je gestanden ist. China und Indien verheizen massiv Kohle und treiben die Erderwärmung an. Und ein paar Menschen in Österreich glauben, sie können mit veganem Leben oder Verzicht auf Flugreisen einen Unterschied machen. Ein Witz? Nein. Sondern Teil der Lösung – wenn wir es richtig angehen.

Ich fange mit der Einschränkung an: Die Kritiker*innen haben recht. Es macht keinen Unterschied. Ob ich in diesen einen Flieger steige, Müll trenne, einen eigenen Kaffeebecher mitnehme oder ein einzelnes Steak nicht esse: Das Klima wird es am Ende des Tages nicht merken. Noch dazu ist es derzeit völlig unmöglich, klimafreundlich zu leben, auch wenn man sich viel Mühe gibt: Die Gebäude, in denen wir leben, die Straßen, die wir nutzen (ob mit dem Rad oder dem Auto), die Bücher, die wir lesen – in der Herstellung von fast allem, was wir nutzen, stecken indirekt klimaschädliche Gase, durch Öl, Erdgas oder Kohle, schmutzigen Strom, Zement, Stahl oder spätestens beim Verbrennen von Müll.

Und selbst wenn man klimaneutral leben könnte, ist der Nutzen klein. Der Klimaforscher Gernot Wagner von der New York University hat dazu eine nette Anekdote.[214] Sagen wir, der Papst bringt mit einem großen Plädoyer alle Katholik*innen – mehr als eine Milliarde Menschen – wie durch ein Wunder dazu, kein CO_2 mehr auszustoßen. Ist das Problem dann gelöst? Nein, die Emissionen würden zwar kurz nach unten sacken, aber weiter steigen. Warum? Weil die Infrastruktur der Welt auf fossilen Energien aufgebaut ist. Etwas weniger CO_2 reicht nicht, über kurz oder lang müssen die Emissionen auf null.

Dafür müssen sich große Systeme ändern: Wie wir unsere Wohnungen heizen und kühlen, woher der Strom aus der Steckdose stammt, wie wir von A nach B kommen, wie Fabriken arbeiten, wie Landwirtschaft funktioniert und wie wir mit Abfall umgehen. All das kann nur die Politik ändern. Sie muss es uns erst einmal ermöglichen, überhaupt klimaneutral zu leben. Und wenn das geht, muss sich die/der Einzelne keine großen Gedanken mehr machen.

Die Frage ist nur, wie wir zu einer Welt kommen, in der die Politik das Notwendige dafür tut. Und das ist der Punkt, auf den ich hinauswill: Um dort hinzukommen, ist das Verhalten von Einzelnen sehr wohl dienlich – es ist also sozusagen Mittel zum Zweck.

Hier hilft als Vergleich ein Experiment aus den 1960ern, mittlerweile ein Klassiker der Psychologie.[215] Wissenschaftler*innen ließen Menschen in einem kleinen Raum Fragebögen ausfüllen. Über eine Öffnung wurde Rauch hereingelassen. Es gab zwei Gruppen. Einmal waren die Teilnehmer*innen alleine im Raum. Ein anderes Mal wurden Menschen dazugesetzt, die eingeweiht waren. Ihre Aufgabe im Experiment war, kurz aufzuschauen, wenn der Rauch kam, und dann seelenruhig den Fragebogen weiter auszufüllen.

Was passierte? Fast alle, die alleine im Raum waren, gingen raus, als der Rauch kam, und handelten nachvollziehbar: Sie teilten jemandem mit, dass Rauch hereinkam. Die Teilnehmer*innen, die mit den Eingeweihten im Raum waren, reagierten fast nie. Sie blieben einfach sitzen! Weil es die Anderen auch taten – und wenn die nicht reagierten, konnte das Ganze ja nicht so schlimm sein. Sie waren verunsichert und nahmen das Verhalten Anderer als Information wahr.

Mit dem Klimawandel ist es wie mit dem Rauch. Das Argument von Psycholog*innen: Er ist ein komplexes Phänomen, CO_2 ist unsichtbar, wenn es um ein Grad heißer ist, merkt man das nicht sofort, und Unwetter gab es auch früher. Wenn nun Leute ihr Leben ändern, auf ein E-Auto umsteigen, vegan leben oder Flüge reduzieren, senden sie Signale aus.

Adrian Brügger, ein Psychologe von der Universität Bern, sagt, Menschen möchten nun einmal nicht negativ auffallen, sie wollten akzeptiert werden und täten deshalb, was andere täten. Die Psychologin Nicki Harré meint, Menschen seien von Geburt an Imitatoren. Schon Babys ahmen die Gesichtsausdrücke ihrer Eltern nach – und das sei bei Erwachsenen ähnlich.

Was wir tun, hat also Auswirkungen auf unser Umfeld. Taten können auch effektiver sein als Worte, laut einer Reihe von Psychologen in der Zeitschrift *Nature*.[216] Weil man aus Handlungen die wahren Überzeugungen der Menschen besser ablesen kann. Die Studie zeigt, dass Menschen mit einer Photovoltaikanlage auf dem Dach 63 Prozent mehr Erfolg dabei hatten, andere davon zu überzeugen, sich ebenfalls eine zuzulegen, als jene ohne. Installiert ein/e Nachbar*in eine PV-Anlage, will man viel wahrscheinlicher selber ebenfalls eine, zeigt eine andere Arbeit.[217]

Individuelle Handlungen gegen die Klimakrise können also Dringlichkeit anzeigen, stecken andere an und machen uns glaubwürdiger. Sie helfen auch gegen kognitive Dissonanz.[218] Das ist ein kompliziertes Wort dafür, dass wir uns laufend selbst anlügen. Niemand lebt gerne so, dass die Welt davon einen Schaden hat.

Beim Klimawandel passiert aber genau das: Unser Auto, Strom und Essen heizen das Klima an.

Weil das nicht zu unserem Bild von uns selbst passt, finden wir Ausreden. Ist ja nicht so schlimm, der/die Nachbar*in isst noch mehr Fleisch, oder am Klimawandel sind Vulkane schuld. Wer nachhaltiger lebt, kann ehrlicher zu sich selbst sein – und ermöglicht damit eine andere Debattenkultur rund um die Klimakrise. »Wir sind, was wir tun«, sagen Psycholog*innen.[219] Heißt: Unser Verhalten entscheidet unbewusst mit, was wir denken. Gesellschaftliche Probleme auf Einzelne herunterzubrechen – das kann auch nach hinten losgehen. Im Extremfall kann das zu einem »Single Action Bias« führen, wie Gernot Wagner und Martin Weitzman in ihrem Buch »Klimaschock« schreiben. Wir setzen eine Handlung und sehen die Sache als erledigt an. Mit dem Kauf einer energiesparenden Glühbirne ist etwa das Thema Klima für uns abgehakt. Das darf aber keinesfalls passieren.

Wenn wir darauf achtgeben, kann jede/r von uns dazu beitragen, dass effektive Klimapolitik wahrscheinlicher wird. Nach meiner Recherche über das Fliegen und die Klimakrise meinte ich zu ein paar Freunden: Ausflüge für ein paar Tage per Flieger will ich nicht mehr machen. Ein Freund macht sich bis heute darüber lustig, aber ich kann damit besser leben und habe eine Debatte ausgelöst.

Wir können also alle etwas tun. »Nicht konfrontativ sein«, empfiehlt Adrian Brügger von der Uni Bern. Der Vorwurf »Du handelst falsch!« helfe nicht. Die Psychologin Nicki Harré empfiehlt, indirekt aufdringlich zu sein. Also mit dem Fahrrad in die Arbeit zu fahren und den Helm in die Sitzung mitzunehmen. So, dass es auch wirklich jede/r sieht.[220]

All das bringt, einzeln für sich genommen, überhaupt nichts, solange die Politik nicht das Zepter in die Hand nimmt und beginnt, Systeme zu verändern. Aber wir schaffen damit ein soziales Klima, in dem politisches Handeln wahrscheinlicher wird. Die Meisten von uns gehen wählen, obwohl ihre Stimme für sich genommen keinen Unterschied macht. Weil uns die Demokratie wichtig ist. Mit dem Klima ist es das Gleiche.

Eine Steuer soll es lösen

Was könnte die Politik also tun? Die wahrscheinlich am häufigsten geforderte Maßnahme gegen die Erhitzung der Erde ist eine Steuer auf CO_2, also den Stoff, der sie maßgeblich vorantreibt. Die Idee hinter der Steuer ist simpel. Wer CO_2 ausstößt, etwa weil der Strom im Büro aus Kohle stammt, die Fabrik mit Gas heizt oder man einen Benziner fährt, schadet der Allgemeinheit. Sofort, weil die Luft verschmutzt wird, und mit der Zeit, weil die Erde heißer und das Wetter extremer wird. Die Antwort von Ökonom*innen: Rechnen wir die Kosten aus, die das verursacht, und besteuern wir CO_2 in selber Höhe.

Für die Höhe gibt es verschiedene Berechnungen, die von mindestens 35 Euro (Stiglitz-Stern-Bericht) bis 180 Euro pro Tonne CO_2 reichen (Deutsches Umweltbundesamt).[221]

Schauen wir uns das an einem Beispiel an: einem Liter Benzin. Ein CO_2-Preis von 100 Euro pro Tonne würde ihn um etwa 25 Cent teurer machen. Das ist nicht nichts, Schwankungen in dieser Höhe haben aber schon in der Vergangenheit nicht dazu geführt, dass Menschen ihre Autos massenweise in den Garagen gelassen hätten. Dazu kommt: Auf einen Liter Benzin werden jetzt schon 48,2 Cent Mineralölsteuer eingehoben – im Prinzip eine CO_2-Steuer von fast 200 Euro pro Tonne.

Jetzt weiß man aus Studien, dass Steuern sehr wohl das Verhalten ändern. Eine Arbeit geht etwa davon aus, dass Steuern auf Treibstoffe die CO_2-Emissionen in Europa um 50 Prozent gesenkt haben. Weil die Menschen mehr fahren würden, wenn Benzin und Diesel billiger wären – und die Hersteller Anreize für den Bau effizienterer Autos hatten.

Genau das soll die CO_2-Steuer für die gesamte Wirtschaft erreichen: das Verhalten ändern, Anreize für Innovationen für Firmen schaffen und umweltfreundlichere Alternativen, etwa Elektroautos, im Wettbewerb stärken. Der Verkehr, in dem der Ausstoß von CO_2 schon hoch besteuert ist, zeigt aber die Grenzen des Ganzen auf: Die Emissionen sind in Österreich seit 1990 um 74 Prozent gestiegen.[222]

Das ist auch der Grund, warum Klimaforscher*innen CO_2-Steuern nicht für eine Wunderwaffe halten. Gegen Zersiedelung und schlechte öffentliche Infrastruktur sind auch sie machtlos. Viele finden sie trotzdem sinnvoll. Warum?

Erstens haben viele Länder der Welt noch keine so hohen Abgaben auf Energie, wie das in Teilen Europas der Fall ist. Hier wären CO_2-Steuern ein wichtiger Schritt. Zweitens würden sie auch in Österreich einen zusätzlichen Beitrag leisten. Heizöl und Erdgas sind etwa relativ niedrig besteuert. Drittens ist es wirtschaftlich sinnvoll: Senkt man die Lohnsteuern im gleichen Ausmaß, ist das laut dem Österreichischen Institut für Wirtschaftsforschung sogar wirtschaftlich effizienter.[223]

Immer mehr Staaten führen deshalb CO_2-Steuern ein: 46 Länder haben bereits eine, in Europa etwa die skandinavischen Länder, Großbritannien und Frankreich, global sind 20 Prozent der Treibhausgase mit einem Preis versehen.[224] In Skandinavien hatten sie den gewünschten Effekt: Die Emissionen sanken.[225] Schweden hat mit über 110 Euro die höchste Steuer der Welt pro Tonne CO_2 und dürfte seine Paris-Ziele nach derzeitigem Stand trotzdem nicht schaffen. Halten sich alle Länder an ihre Versprechen vom Klimaabkommen in Paris, steuert die Erde zudem trotzdem auf etwa drei Grad Erwärmung zu.

CO_2-Steuern haben noch ein Problem: Heizen und Tanken teurer zu machen hat bei Reden im Wahlkampf selten für Jubelstürme gesorgt. Das bekam Frankreichs Präsident Emmanuel Macron 2019 schmerzhaft zu spüren: Benzin ist in Frankreich wegen der CO_2-Steuer um drei Cent teurer geworden, was die Gelbwesten-Proteste auslöste.

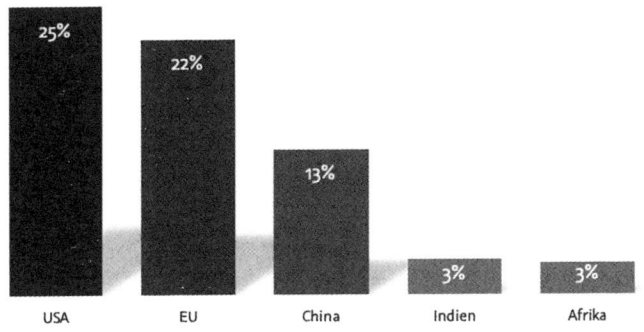

Abb. 19: Anteil an allen je vom Menschen verursachten CO_2-Emissionen in der Atmosphäre (Quelle: Our World in Data)

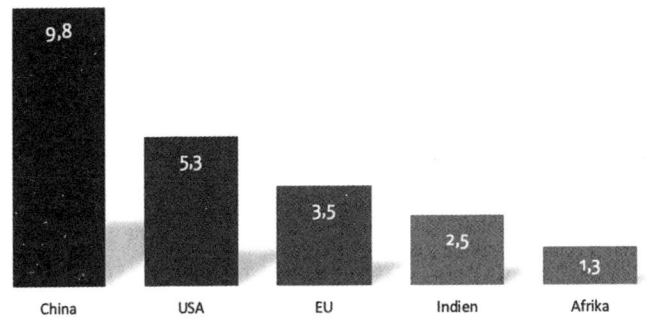

Abb. 20: CO_2-Emissionen in Milliarden Tonnen 2017 (Quelle: Our World in Data)

Um die Akzeptanz zu erhöhen, fordert eine Reihe von Ökonom*innen, die Steuer als »Ökobonus« wieder an die Haushalte auszuzahlen.[226] Claudia Kettner-Marx vom Wirtschaftsforschungsinstitut sagt, Studien würden zeigen, dass die Akzeptanz der Steuer davon abhänge, was mit dem Geld passiere. Man könnte damit auch Lohnsteuern senken oder Förderungen für Unternehmen finanzieren. Dass das Geld ins allgemeine Budget wandere, werde nicht gerne gesehen. Kettner-Marx schätzt, dass eine zusätzliche CO_2-Steuer von 60 Euro pro Tonne die Emissionen in Österreich um drei Prozent senken würde. Würde man alle bisherigen Steuern auf Energie abschaffen, um das System zu vereinfachen, und sie mit einer CO_2-Steuer von 315 Euro ersetzen – die dann die mit Abstand höchste der Welt wäre –, sänken die Emissionen um zehn Prozent: Selbst das wäre übrigens zu wenig für das Einhalten der Paris-Versprechen.

Die meisten großen Unternehmen wie die voestalpine oder die OMV wären von einer nationalen CO_2-Steuer aber gar nicht erst betroffen, denn sie fallen in den Emissionshandel der EU. Der wirkt wie eine Steuer, funktioniert aber anders, über Zertifikate, die Industrie, Stromerzeuger und Airlines für das CO_2, das sie ausstoßen, kaufen müssen.

Die EU war damit international ein Vorreiter, das System gibt es seit 2005. Viele Zertifikate wurden aber verschenkt, der Preis betrug lange nur fünf Euro pro Tonne und so hatte das System kaum einen Effekt. Zuletzt ist er aber auf etwa 25 Euro pro Tonne CO_2 gestiegen. Klima-Ökonom Stefan Schleicher ist trotzdem skeptisch. »Dem Mechanismus wurde jeder Zahn gezogen«, stellt er fest. Die Idee war, dass es irgendwann zu wenig Zertifikate geben würde, sodass der Preis stark steigen und es für Firmen teuer werden würde, klimaschädlich zu produzieren.

Manche Klimaforscher*innen fordern einen Mindestpreis für CO_2 in der EU, damit das System besser greift. Aber selbst wenn die EU voranschreitet, müssen andere, vor allem die USA, China und Indien mit ins Boot. Damit das klappt und das Pariser Klimaabkommen nicht wie das von Kyoto einen leisen Tod stirbt, schlägt der Nobelpreisträger Bill Nordhaus einen »Klimaklub« vor. Nordhaus war vor über 40 Jahren der Erste, der vom Zwei-Grad-Ziel sprach.[227]

Der Klimaklub soll aus einer Koalition der Willigen bestehen, die sich auf einen Mindestpreis von 25 Dollar pro Tonne CO_2 einigt. Alle Importe aus Ländern, die nicht teilnehmen, werden pauschal mit zwei Prozent Zoll belegt. Dann hätten fast alle den Anreiz, mitzumachen. Noch ist das aber Utopie und es ist auch unklar, ob es überhaupt mit internationalen Handelsregeln vereinbar wäre. Die könnte man im Ernstfall natürlich ändern. In einer Welt, die es mit dem Kampf gegen die Klimakrise ernst meint, werden in der Zukunft möglichst viele Länder eine möglichst hohe Steuer auf CO_2 haben.

Das allein wäre aber nicht genug, es bräuchte viel mehr, völlig neue Städteplanung und Infrastruktur, Förderungen und Forschung. In Österreich sind Neos, Liste Jetzt und die Grünen für eine nationale CO_2-Steuer, ÖVP, SPÖ und FPÖ sind dagegen. Das Ziel der Reduktion der Emissionen um 50 Prozent bis 2030 rückt derweil in weite Ferne. Forscher*innen rechnen erst nach einem drastischen Ereignis mit einem Umdenken.

Der Ökonom Stefan Schleicher meint, dass vielleicht nach größeren Ernteausfällen für Landwirt*innen, die bald passieren könnten, gehandelt werde. Harvard-Forscher Gernot Wagner meint, dass eine Katastrophe die Politik zum Handeln zwingen könnte. Etwa der plötzliche Tod des Großteils der Eisbärenpopulation.

So könnte es gehen

Ist also alles aussichtslos? Ganz und gar nicht. Meine tiefe Auseinandersetzung mit der Klimakrise in den vergangenen Monaten hat zwei Dinge bei mir ausgelöst. Erstens habe ich jetzt mehr Angst vor ihr, weil das Ganze tatsächlich zu einer Katastrophe für die Menschheit werden könnte. Zweitens habe ich daraus viel Hoffnung geschöpft, weil ich gesehen habe, was wir alles dagegen machen können. Denn viele der Lösungen liegen heute schon auf dem Tisch. Stefan Schleicher teilt das Klimaproblem in etwa drei gleich große Teile auf.

→ Das erste Drittel ist der Verkehr. Unsere Benziner können wir mit Elektroautos ersetzen, die Lkws genauso – oder vielleicht auf der Autobahn eine Oberleitung dafür einrichten, so wie für Straßenbahnen. Denn noch sind die Akkus relativ schwer. So oder so: Hier sind fossile Energien relativ leicht mit Solar- oder Windenergie ersetzbar. Die werden auch immer billiger. Noch sind die Akkus nicht so gut, wie sie sein sollten und Ladestationen fehlen auch – aber das ist alles machbar. Und vielleicht fahren wir ja auch einmal mit Wasserstoff statt mit Strom. Noch ist das Speichern von Energie ein Problem – was tut man, wenn keine Sonne scheint und kein Wind weht? –, aber auch da wird an kreativen Lösungen gearbeitet. Bei Flugzeugen ist das alles noch sehr schwierig, aber wenn nur mehr die die Erde erhitzen, wäre das Problem viel kleiner.

→ Das zweite Drittel des Klimaproblems sind unsere Gebäude, in denen wir es im Winter warm, im Sommer kühl und jederzeit heißes Wasser und Strom haben wollen. Für all das stoßen wir Treibhausgase aus. Auch das müsste nicht so sein. Auf dem Dach könnten sich Solarpaneele befinden. Heizen könnten wir mit Wärmepumpen, die die Wärme tief aus der Erde holen. Fabriken erzeugen nebenbei Abwärme, auch die könnte man nutzen, genau wie aus Abwasser Energie nutzbar gemacht werden könnte.

Für sich genommen sind sowohl Verkehr als auch Wohnen klimaneutral machbar. Dann hätten wir schon einmal zwei Drittel des Problems gelöst! Beides würde natürlich dazu führen, dass wir wahnsinnige Mengen an zusätzlichem Strom brauchen. Strom erneuerbar herzustellen hat aber Grenzen. Es bräuchte in Österreich Millionen Solaranlagen – für Schleicher »völlig unrealistisch« – und viele neue Windparks, die unter Anrainer*innen fast immer für Proteste sorgen. Der Wasserkraft setzt der Naturschutz Grenzen. Alles in allem, resümiert Schleicher, müsse man also den Verbrauch stark nach unten schrauben. Heißt etwa, nicht den Benziner mit einem Elektroauto ersetzen, sondern so bauen, dass man das Auto vielleicht gar nicht mehr braucht. So könnten die beiden Bereiche Verkehr und Wohnen gemeinsam angegangen werden.

Für Schleicher zeigt das Schweizer Projekt »Suurstoffi« vor, wie es gehen könnte. Suurstoffi ist Schweizerdeutsch für Sauerstoff. Um eine Milliarde Franken wird in der Nähe von Zug in der Schweiz aus einem alten Industriepark ein klimaneutrales Wohnareal. 4000 Leute sollen dort wohnen, einkaufen und arbeiten, sagt Schleicher. Sie würden keine eigenen Autos brauchen, seien gut an Öffis angebunden und es gebe mehrere Carsharing-Anbieter. Zwischen den Gebäuden nutze man Synergien, manche hätten PV-Anlagen, andere thermische Kollektoren für die Wärme, in Decken befänden sich Wärmetauscher, mit denen man im Sommer kühlen könne. Wenn es Knappheiten im Netz gebe, könne man auf die Speicherwirkung der Gebäude vertrauen. Um so etwas realisieren zu können, müssten wir aber völlig umdenken. Derzeit bauen sich viele ihre Häuser dorthin, wo es ihnen gefällt – das Okay gibt die Gemeinde, meistens der/die Bürgermeister*in, sie entscheiden, wo und wie gebaut werden darf. Die Flächenwidmung müsse man 2050-fähig machen, sagt Schleicher. Heißt: Nicht jede Gemeinde entscheidet für sich, sondern es gibt Pläne für das ganze Land. Ohne das gehe es sicher nicht, aber das sei politisch sehr schwer hebbar. »Die jetzigen Siedlungsstrukturen sind jedenfalls nicht zukunftsfähig.«

Verkehr und Wohnen sind also technisch machbar, bräuchten aber wahnsinnig viel erneuerbare Energie. Entweder müssen wir

Österreich, überspitzt ausgedrückt, mit Windparks vollbauen oder wir planen unsere Städte und Gemeinden völlig neu. Das ist nicht einfach lösbar, weil es politisch extrem schwierig ist. Es ist aber eine Frage des Willens und keine der Machbarkeit. Es liegt also an uns. Eine CO_2-Steuer würde helfen, es braucht aber noch viel mehr.

→ Bleibt das letzte Drittel: Industrie und Landwirtschaft. Erstere umfasst vor allem die Erzeugung von Zement und Stahl. Für jede Tonne Zement fällt derzeit auch eine Tonne CO_2 an. Wenn Ton und Kalk bei 1500 Grad gebrannt werden, entsteht ein Klinker, aus dem Zement wird. Ein Nebenprodukt ist CO_2. Das lässt sich derzeit nicht vermeiden – es wird nach neuen Technologien geforscht, vielleicht lässt sich das CO_2 künftig auch absaugen, das ist aber noch Zukunftsmusik und sehr teuer. Auch bei der Produktion von Stahl entsteht sehr viel CO_2. Ob das anders geht, erforscht gerade die Linzer voestalpine mit Hilfe von EU-Geldern. Beim Projekt »H_2Future« wird versucht, CO_2-neutralen Stahl zu erzeugen. Schleicher sagt, man könne zudem mit zwei Dritteln weniger Zement bauen, wenn man sparsam damit umgehe, Schrottstahl könne man zu neuem recyceln. Die EU-Kommission verfolgt das in ihrem Aktionsplan für eine klimaneutrale Kreislaufwirtschaft. Für die Landwirtschaft erforscht etwa der Professor Ermias Kebreab an der University of California in Davis, ob man Rinder nicht einfach mit Seetang füttern könnte. In einem Pilotversuch haben sie daraufhin deutlich weniger klimaschädliches Methan ausgestoßen.[228] Ob das aber massentauglich ist, muss sich erst weisen. Die Ökoregion Kaindorf in der Steiermark zeigt vor, was noch geht: Landwirt*innen bekommen Geld dafür, wenn sie in ihren Böden mehr Kohlenstoff binden und so die Erde kühlen. Gleichzeitig gibt es Fleischersatzprodukte, die dem Geschmack des Originals immer näher kommen. All das sind lauter kleine Puzzle-Teile, die für sich genommen noch viel Arbeit und politisch schwierig umzusetzen, aber alles andere als unmöglich zu bewältigen sind. Bleibt noch unser Abfall, heute mischen wir viele verschiedene Materialien im Restmüll zusammen und verbrennen ihn dann – auch dabei entsteht klimaschädliches Methan. Wenn wir weniger Abfall produzieren, ihn besser trennen und neue Anlagen bauen, können wir die Emissionen stark senken.

Dass also irgendwann in der Zukunft einmal die komplette Wirtschaft derart auf den Kopf gestellt wird, dass sie die Erde nicht mehr weiter erhitzt, ist ein extrem große, aber nicht unmögliche Aufgabe. In Indien etwa ist Solarenergie schon heute billiger als Kohle. Manches afrikanische Land, das sich seine Infrastruktur oft noch quasi von Null aufbauen muss, könnte es mit finanzieller Hilfe von reicheren Ländern gleich klimafreundlich machen. So wie viele Menschen dort nie ein Festnetztelefon nutzten und gleich zu praktischeren Handys griffen, könnten auch auf fossile Energien bauende Wirtschaftsstrukturen, die uns reich – aber die Erde heiß – gemacht haben, übersprungen werden.

Doch selbst wir in Österreich zögern damit schon so lange Zeit, obwohl wir uns den Umstieg in eine klimafreundliche Zukunft ohne Probleme leisten könnten. Wenn wir das Schlimmste vermeiden wollen, wird es global wohl nicht ohne Maschinen gehen, die CO_2 aus der Atmosphäre saugen. »Climeworks« in Zürich zeigt das vor. Das Unternehmen baut riesige Apparate, die CO_2 aus der Umgebungsluft saugen und es dann anderweitig verwenden, etwa für die Industrie. Bis 2030 will die Firma den Preis dafür auf unter 100 Euro pro Tonne CO_2 drücken. Für ein paar Billionen Euro könnte man dann theoretisch das ganze CO_2, das wir produzieren, aus der Luft saugen. Die ganze Wirtschaftsleistung der Welt beträgt schon jetzt etwa 70 Billionen Euro. Wir könnten uns das also sogar leisten, nur: Wenn die Menschen schon heute keine großen Fans von Windparks sind, wer freut sich dann über allerorts in Stadt und Land verteilte, riesige CO_2-Schluck-Apparate?

Niemand sieht sie deshalb als eine Lösung für die Klimakrise, derzeit ist das tatsächliche Volumen, das sie schaffen, auch noch ein Witz im Vergleich mit den Mengen, die wir ausstoßen. Die Maschinen könnten aber ein Puzzle-Stück sein, um die Situation halbwegs im Griff zu behalten.

Beim Wohnen und im Verkehr wissen wir also schon fast zur Gänze, was zu tun wäre. Bei Zement und Stahl wird geforscht, zum Fliegen und Fleisch ebenso. Bei den Letzteren versuche ich auch ganz persönlich einen Beitrag zu leisten, um zu signalisieren: Es gibt ein Problem. Wenn ich an all das denke, kriege ich Hoffnung. Das klingt doch alles gar nicht so kompliziert. Es braucht »nur mehr« die Politik. Dass das nicht einfach wird, zeigt sich seit bald 30 Jahren, in denen wir wissen, was für Katastrophen in einer massiv erhitzten Welt auf uns warten – und trotzdem kaum etwas passiert ist.

Ein Problem ist, dass die (relativ) Wenigen, die unter einer zielorientierten Klimapolitik finanziell leiden, derzeit noch mehr Einfluss auf die Politik haben als die Vielen, die in der Zukunft davon profitieren würden. Mehr als die Hälfte der Treibhausgase haben wir im Wissen um ihren großen Schaden in die Atmosphäre gepumpt, wie der Journalist David Wallace-Wells schreibt.[229] Große Systeme zu ändern kostet zunächst einmal Geld, nicht jede/r hat etwas davon, vor allem nicht gleich morgen, unser Leben würde sich morgen aber schon ein wenig ändern, durch eine Steuer vielleicht sogar das Heizen ein bisschen teurer werden. Einige Konzerne und ganze Branchen würden darunter leiden. All das dafür, um ein unsichtbares Gas wegzubekommen, das scheinbar unser Klima erhitzt, das viel zu komplex ist, um es wirklich zu verstehen und das alles, obwohl es im letzten Mai eh wieder kalt war. Wenn ich laut für eine aktivere Klimapolitik auftrete, kann ich einen kleinen Beitrag leisten. Denn was bringt es, wenn ich ein paar hundert Euro über GiveDirectly nach Uganda schicke oder fair produzierte Kleidung kaufe, wenn die Klimakrise gleichzeitig zu Hungersnöten führt? Der Kampf gegen den Klimawandel ist nicht nur, aber vor allem auch einer für die Rechte der Ärmsten der Welt.

Was ich gelernt habe

+ Die Klimakrise sorgt schon jetzt für Unwetter, Fluten und Dürren. Das wird in naher Zukunft noch viel schlimmer. Vor allem im Kampf gegen Armut könnte sie uns ein Bein stellen. Das zu verhindern liegt in unseren Händen. Zwei Drittel des Klimaproblems sind technisch schon heute lösbar, es braucht aber viele laute Menschen, sonst wird die Politik nicht handeln.

Wie du dich weiter informieren kannst

i »The Uninhabitable Earth« von David Wallace-Wells und »The Sixth Extinction« von Elizabeth Kolbert sind zwei Bücher, die mir die Augen geöffnet haben.

i Die BBC-Dokumentation »Climate Change: The Facts« dauert eine Stunde, ist toll gemacht und fasst das Meiste, was man wissen muss, sehr gut zusammen.

Was du machen kannst

☞ Du kannst auf dein eigenes Verhalten achten. Das macht es dir einfacher, ehrlich zu dir selbst zu sein, macht dich Anderen gegenüber glaubwürdiger und sendet ein Signal an die Menschen rund um dich: Es gibt ein Problem.

☞ Wenn Politiker*innen neue Projekte vorschlagen, etwa neue Autobahnen, Flughäfen oder Gesetze, denk an das Klima: Hilft es oder schadet es? Wenn es nicht hilft, werde laut!

8. Und jetzt? Was ich mir von diesem Buch mitnehme

In der Zeit, in der ich dieses Buch geschrieben habe, ist die Zahl der Menschen, die auf der Welt in extremer Armut leben, etwa um 25 Millionen gesunken.[230] Die 16-jährige Greta Thunberg hat, während ich das Kapitel zur Klimakrise geschrieben habe, abertausende junge Menschen auf die Straßen Österreichs gebracht, um laut für eine aktivere Klimapolitik zu demonstrieren. Als ich begonnen habe, für dieses Buch zu recherchieren, besuchte ich eine Konferenz in Berlin, auf der 3000 wahnsinnig kluge Wissenschaftler*innen von allen Kontinenten über einen effektiveren Kampf gegen Armut sprachen. Ich habe Hoffnung. Täglich passieren schreckliche Dinge auf der Welt und das wird leider vermutlich auch noch lange so bleiben. Viele Menschen haben aber gute Ideen und zeigen großes Engagement, um die Welt ein wenig besser zu machen. Dass das klappt und immer weniger Menschen unter grausamsten Bedingungen leben müssen, ist ein riesiger Erfolg. Nicht alles ist gut, aber sehr vieles wird besser. Was kann ich schon ändern, habe ich mich vor einem Jahr gefragt. Heute kann ich mit breiter Brust sagen: viel. Durch kleine Taten im Alltag, die Art und Weise, wie ich einkaufe, verreise, spende, wie ich mich ernähre, zur Arbeit fahre, aber vor allem, worüber ich mit Freund*innen rede, wofür ich mich einsetze und wie ich wähle, all das hat einen Einfluss auf die Welt, in der ich lebe. Meine Recherche hat mich klüger gemacht und optimistischer und mir das Gefühl gegeben, dass diese Welt ganz und gar nicht verloren ist, im Gegenteil. Habe ich immer eine klare Antwort auf meine Fragen gefunden? Nein, denn die Welt ist voller Widersprüche.

Nehmen wir das Thema Kleidung. Wenn ich T-Shirts etwa mit dem GOTS-Siegel kaufe, ist bei der Herstellung besser auf Mensch und Natur geachtet worden. Wenn sie in Asien oder Afrika produziert wurden, hilft das den Menschen, weil es Jobs schafft. Denn dass sie kaum in die Globalisierung eingebunden sind, ist eines ihrer größten Probleme. Das gilt auch für das Reisen. In ärmere Länder zu fahren und dort zu essen, herumzufahren und zu übernachten, bringt wichtiges Geld ins Land. Mit jeder Reise verschärfe ich aber auch die Klimakrise, unter der die ärmsten Menschen der Welt schon jetzt am stärksten leiden. Und wenn ich T-Shirts kaufe, dann feuere ich ein System mit an, das die Umwelt verschmutzt. Lieber Secondhand? Lieber in Europa Produziertes kaufen? Das ist teurer, aber besser für die Umwelt, zumindest bis der internationale Transport weniger klimaschädlich ist. Eine richtige Antwort darauf gibt es nicht, die muss jede/r für sich selbst finden. Jemand, der/die bei H&M einkauft, sichert Jobs in Bangladesch, verschmutzt aber die Umwelt. Wer ein teures, in Vorarlberg gewebtes Shirt kauft, schont die Umwelt, macht aber die positiven Effekte der Globalisierung zunichte. Ich persönlich kaufe, wenn möglich, Kleidung mit verlässlichen Siegeln aus ärmeren Ländern. Manchmal finde ich aber nichts Richtiges und kaufe einfach Kleidung, weil ich eben ein Stück Kleidung brauche. Wenn ich Güter aus Staaten kaufe, die nicht so gut funktionieren, wird dort auch immer wieder etwas passieren, das ich nicht gut finde. Sie zu boykottieren ist für mich keine Antwort. Ich kann auf die Politik einwirken, dass sie auf Menschenrechte achtgibt. Dass sich die EU und Österreich in Ländern, mit denen Handel betrieben wird, dafür einsetzen, dass Menschen etwa für ihre Meinung nicht mehr eingesperrt werden. Mache ich damit alles gut? Nein, sicher nicht, aber das geht eben manchmal einfach nicht.

Mit dem Reisen ist es ähnlich. Auch wenn es nicht gut für das Klima ist, werde ich sicher weiter in weit entfernte Länder reisen. Ein Widerspruch? Auf jeden Fall, ein weiterer, der meiner Meinung nach nicht auflösbar ist. Ein Kollege hat mich einmal gefragt, wie er denn jetzt in den Urlaub fahren soll. Es gebe zwar die Möglichkeit, mit dem Zug dorthin zu kommen. Aber das Flugzeug sei einfach viel bequemer. Ich habe zu ihm gesagt: Schreib lieber einen Kommentar mehr für aktivere Klimapolitik, als jede einzelne Handlung in deinem Alltag auf die Goldwaage zu legen. Niemand muss der perfekte Mensch sein und es zu versuchen ist meiner Meinung nach nicht der Zweck des Ganzen.

Der Weg ist das Ziel, so platt das vielleicht klingen mag. Keine/r kann alles richtig, alles gut machen, wir geben uns Mühe, diskutieren, gehen wählen, kaufen dann einmal so und einmal so, verzichten diesen Sommer auf einen Flug und fliegen nächstes Jahr für eine Woche weit weg ans Meer und es ist okay. Insgesamt sorgt das Sorgenmachen dann hoffentlich für ein politisches Klima, damit dort die großen Hebel aktiviert werden können. A. versucht, in ihrer Wohnung überhaupt keinen Müll mehr zu verursachen und inspiriert auf Instagram andere, B. fliegt nicht und bringt seine Freunde zum Nachdenken. C. kauft bei H&M ein und fragt jedes Mal nach, wie die sozialen Bedingungen vor Ort sind. D. ist das völlig egal, er arbeitet aber im Integrationsbereich. E. gründet eine Firma und treibt erneuerbare Energien voran, F. entwickelt in ihrem Job im Pharmabereich billigere Medikamente gegen Malaria. G. diskutiert im Wirtshaus und sagt, dass man die Flüchtlinge bitte nicht alle über einen Kamm scheren kann und H. nimmt sich die Zeit, im Facebook-Kanal von Rechtsaußen-Politiker*innen mit Menschen zu diskutieren.

Sich über das Einkaufen Gedanken zu machen und Kleingedrucktes zu lesen ist lehrreich. Man könnte stattdessen aber auch Völkerrecht studieren und Sozialklauseln für Handelsverträge erarbeiten. Im Zweifel ist das natürlich eine aufwendigere, aber dafür wirksamere Entscheidung. Diese Optionen schließen sich aber auch nicht aus. Die Völkerrechtlerin würde wahrscheinlich auch beim Einkaufen achtgeben. Denn meistens sind die, die sich Gedanken über ihren Konsum machen, auch politisch aktiver. Und wenn jemand einfach für sein Leben gern jeden Abend ein

Stück Fleisch isst, dann soll er doch! Auch wenn ich das nicht tue, rette ich damit nicht die Welt. Wer vegan lebt, setzt Impulse. Ich gehe gerne zu McDonalds und liebe, seit ich ein Kind war, Chicken McNuggets. Seine eigenen Handlungen zu hinterfragen ist gut, das darf aber nicht zum Wettbewerb werden, wer jetzt der bessere Mensch ist. Am besten ist, jede/r konzentriert sich auf das, was er oder sie gut kann. Ein Zitat aus dem Buch »Klimaschock« von Gernot Wagner und Martin Weitzman: »Lehrerinnen, unterrichtet. Studierende, studiert. Lokalpolitiker, macht Politik.«

Ich bin Journalist. Ich schreibe Artikel, Reportagen und Bücher. Ich rede in meinem Podcast »Erklär mir die Welt« mit Auskenner*innen darüber, warum die Welt so ist, wie sie ist. Einige Passagen aus diesem Buch sind in meiner Serie im »Standard« erschienen. Das ist mein Ding. Ich achte auch bei kleinen Entscheidungen im Alltag so gut es geht darauf, dass ich gut für Mensch und Umwelt handle. Am wichtigsten ist mir aber, mich noch viel ausführlicher mit globaler Armut, Globalisierung und der Klimakrise zu beschäftigen. Denn für jede Antwort, die ich gefunden habe, bin ich auf zwei neue Fragen gestoßen. In jedem Buch, das ich gelesen habe, habe ich zumindest ein weiteres entdeckt, das ich lesen möchte. Ich habe die chinesischstämmige Ökonomin Nancy Qian von der Northwestern University um Rat gefragt, was sie Einzelnen empfiehlt, die etwas gegen globale Armut tun möchten und fand ihre Antwort großartig:

Nancy Quian
(© privat)

»Zuallererst sollte man mehr über die Welt in Erfahrung bringen. Darüber, was die Probleme sind und was dagegen gemacht wird. Das ist nicht einfach, aber nur wenn man informiert ist, kann man etwas Gutes tun. Es ist nie ein Fehler, sich die Welt um einen herum anzuschauen, zu sehen, wie Menschen leben. Das bildet Sympathie und Empathie, die all unsere Entscheidungen für den Rest unseres Lebens beeinflussen. Lest Bücher und Nachrichten, um die Welt besser zu verstehen. Besucht ärmere Länder, das wird ändern, wie ihr über die Welt denkt.«

Ich fand das etwa auch beim Klimaforscher Stefan Schleicher von der Uni Graz faszinierend. Ich habe mit ihm unzählige Stunden zum Thema telefoniert, der Mann kann einem zwei Stunden ohne Pause Klimapolitik erklären und sagt von sich selbst, dass er noch immer vieles nicht verstehe. Er merke heute, dass das, was er vor fünf Jahren gemacht oder empfohlen habe, zu simpel gewesen sei, sagt er. Ich habe ihn gefragt, wie er es schafft, nicht verrückt zu werden. Er beschäftigt sich schon sein halbes Leben lang mit der Klimakrise und damit, wie sie sich verschärft, und kaum jemand hört auf ihn. Er hat geantwortet: Er bemühe sich einfach, sich sachkundig zu machen, so gut er könne, und im Gespräch mit den Leuten und der Politik zu bleiben. Diesen Pragmatismus mag ich. Politiker*innen wollen gewählt werden, Menschen wollen bequem leben und Unternehmen wollen Geld verdienen. Man kann über sie schimpfen oder versuchen zu verstehen, warum sie tun, was sie tun. Selbstkritisch eigene Positionen zu hinterfragen und ständig zu versuchen, mehr zu lernen, ist eine wichtige Basis, um Gutes zu tun.

Als ich etwa einen Artikel über Fairtrade im »Standard« veröffentlichte, hagelte es Kritik von NGOs. Ich schrieb, dass die Beteiligten davon finanziell wenig bis gar nichts hätten (was mir der Stand der Forschung zum Thema zu sein scheint). Wie ich so eine gute Idee schlecht machen könne, schrieben mir einige. Idealismus braucht auch immer eine Portion Pragmatismus. Genau wie bewusst lebende Individuen Politik brauchen, um Veränderungen zu erzielen.

Der Physiker Anders Levermann sagte in einem Interview einmal, mit Verzicht auf Fleisch und Flüge würden wir nicht die Klimakrise lösen, dazu brauche es die Politik. Es werde ja auch kein/e Bürger*in gefragt, was er oder sie gegen Arbeitslosigkeit mache. Mit unserem Verhalten können wir, wenn wir wollen, andere anstecken und so ein Klima schaffen, in dem Reformen wahrscheinlicher werden. Handeln muss die Politik. Wir haben uns ja nicht umsonst Parlamente, Ministerien und Regierungen geschaffen. Wenn es darum geht, was der/die Einzelne machen kann, dann gehört zum Werkzeugkasten eben auch die Auseinandersetzung mit Klima-, Migrations-, Handels- und Entwicklungspolitik. Den Handel für ärmere Länder einfacher zu machen, Produkte auf westliche Märkte zu lassen, Handelsverträge auszuarbeiten, die auf ärmere Menschen achten. Migration zuzulassen und vorausschauend zu steuern. In der Entwicklungshilfe davon wegzukommen, politische Freund*innen mit Geld zu unterstützen und dafür die eigenen Programme rigide wissenschaftlich zu untersuchen. Darauf haben die meisten von uns relativ wenig Einfluss, aber Politik passiert nicht in einem Vakuum. Wir sind Teil der Gesellschaft, in der sie um Mehrheiten kämpft.

Eine schlechte und eine gute Nachricht

Sind wir reich, weil andere arm sind? Nein, denn die Welt ist kein Nullsummenspiel mehr. Wir sind reich, weil über lange Zeit und durch viele Kriege in Europa Staaten entstanden sind, die für Recht und Ordnung sorgen. Weil sich politische, ökonomische und soziale Spielregeln herausgebildet haben, die es möglich machen, dass die Marktwirtschaft funktioniert und kontinuierlich neue Ideen gefunden und übernommen werden können. Auf dem

Weg dorthin wurde sehr viel Leid angerichtet, in Europa und auf der ganzen Welt. Das trägt einen Teil dazu bei, dass es heute in anderen Ländern so schwierig ist, aus der Armut zu kommen. Paul Collier, ein Ökonom an der Oxford University, schreibt aber, dass der Großteil der Menschen auf der Welt mit den Problemen in den ärmsten Ländern nichts zu tun hätten. Armut sei einfach immer das Ergebnis, wenn eine Marktwirtschaft nicht funktioniere.[231]

Die schlechte Nachricht ist, dass Wissenschaftler*innen bis heute nicht wirklich eine Ahnung davon haben, wie man sie zum Funktionieren bringt. Denn dass das etwa in Österreich klappt, liegt nicht daran, dass ein paar kluge Menschen ein paar kluge Dinge getan haben, sondern entstand aus einer Verkettung von Umständen, die sich über viele hundert bis tausend Jahre ergeben haben. Entwicklung ist ein Prozess. Gesellschaften sind keine Autos, die man in die Werkstatt bringen kann, wenn sie nicht so funktionieren, wie man möchte. Es gibt zwar immer wieder Ausnahmen – plötzlich hebt China wirtschaftlich ab, Hongkong, Taiwan, Südkorea oder Botswana –, aber auch wenn es viele Thesen dazu gibt, weiß in Wahrheit keine/r, warum sich die Situation dort schlagartig verändert hat und in anderen Ländern nicht.[232]

Die Ratschläge, die ärmere Länder im Laufe der Zeit bekommen haben, sind sehr vielfältig. Mehr in Häuser, Straßen und Firmen investieren und ihr werdet reich. Staatsfirmen privatisieren, sofort die Märkte öffnen und die Steuern senken und das klappt von alleine. Nichts davon hat funktioniert und heute wissen wir besser, dass Entwicklung unvorhersehbar ist, dass es je nach Geschichte, Land und Kultur unterschiedliche Lösungen braucht und sie niemand von oben herab steuern kann.

Einiges wissen wir aber schon, der Ökonom Stefan Dercon hat dafür eine schöne Metapher gefunden.[233] Wenn man die Entwicklung eines Landes mit einem guten Essen vergleicht, dann kennen wir zwar das Rezept nicht. Aber wir wissen, dass wir zum Kochen gewisse Utensilien brauchen. Frieden und Stabilität, einen effektiven Staat und Politik, die Armut bekämpfen will. Das heißt nicht, dass die Suppe dann automatisch schmeckt, aber ohne wird es sicher nichts. Optimistisch stimmt aber, dass sich die Situation in sehr vielen Ländern trotzdem bessert. Fast alle Länder entwickeln sich wirtschaftlich zwar langsamer, als wir das gerne hätten, aber die meisten, die in keine Bürgerkriege schlittern oder von katastrophalen Diktatoren regiert werden, wachsen jedes Jahr ein bisschen. Und obwohl viele Volkswirtschaften nicht gut funktionieren, leben die Menschen in ihnen immer besser, gehen länger in die Schule, sind gesünder, weniger Kinder sterben und sie haben mehr Freiheiten. Das alles macht wahrscheinlicher, dass sie sich auch wirtschaftlich besser entwickeln, denn eine gut ausgebildete, gesunde Bevölkerung ist für die Wirtschaft definitiv besser als eine ungebildete und kranke. Was bleibt in diesen großen Fragen für uns als Individuen zu tun? Dietrich Vollrath von der University of Houston rät:

Dietrich Vollrath
(© privat)

»Seid offen für Migration, Globalisierung, Menschenrechte. Und geduldig. Entwicklung ist ein langer, historischer Prozess. Das Wichtigste, was wir tun können, ist es, für Menschen aus anderen Ländern offen zu sein, genau wie für Informationen, Erkenntnisse, Erfindungen. Alles, was die Welt verbindet, Studierende aus dem Ausland, ein nigerianisches Restaurant, das in Wien aufmacht, das ist alles Teil davon. Die Institutionen in einem Land verändern sich nur sehr langsam, aber sie verändern sich. Weil es Menschen gibt, die sie mit vielen, kleinen Handlungen anschieben. Ich tröste mich manchmal mit der Geschichte. Auch wenn ich die Resultate vielleicht nicht sehe, passieren immer wieder große Dinge. Ich versuche, ein wenig mitzuhelfen. Am Ende des Tages summiert sich das und war es absolut wert.«

Extreme Armut begleitet den Menschen, seit es ihn gibt. Es gibt immer weniger davon, aber immer noch viel zu viel. Was ich dagegen tun kann, habe ich mich zu Beginn gefragt. Kaum etwas, wenn ich morgen die ganze Welt retten möchte. Sehr viel, wenn ich realistischer an die Sache herangehe.

Ich werde bei Reisen möglichst viel Geld vor Ort ausgeben, so selten wie möglich in Flugzeuge steigen, Kleidung bewusst kaufen, Geld weiter direkt nach Ruanda und Kenia schicken, Freund*innen all das erzählen und darüber diskutieren, mich in Debatten um Migration einschalten, für Menschenrechte starkmachen und in meiner Arbeit mit extremer Armut und der Klimakrise beschäftigen. Ich will mit unserer Welt bewusst, informiert und optimistisch umgehen. Weltoffen und empathisch sein, mit Lust an der Debatte und dem Ziel, die Welt ein kleines Stück besser zu machen und sie vor allem und zuallererst besser zu verstehen.

Die Recherche für dieses Buch hat mir auf diesem Weg geholfen. Ich hoffe, dir die Lektüre auch.

1895 Millionen
Mai 1990

601 Millionen
September 2018

576 Millionen
September 2019

Konzentration von CO$_2$ in der Atmosphäre[235]

354 ppm
Mai 1990

408 ppm
September 2018

412 ppm
September 2019

Anmerkungen

Beim überwiegenden Teil der zitierten Literatur handelt es sich um Artikel und Papers, die online publiziert und abrufbar sind. Aus Platzgründen wurde deshalb auf erschöpfende bibliografische Angaben verzichtet.

Einleitung

1. Daten: WHO, eigene Berechnung.

Kapitel 1: Beim Einkaufen die Welt retten?

2. *Christopher Blattman, Stefan Dercon*: Everything We Knew About Sweatshops Was Wrong.
3. WTO, World Trade Statistical Review 2018.
4. *Rachel Heath, Mushfiq Mobarak:* Manufacturing Growth and The Lives of Bangladeshi Women.
5. *Kaushik Basu:* Why is Bangladesh booming? (brookings.edu)
6. *Wahiduddin Mahmud:* Social Development in Bangladesh. Pathways, Surprises and Challenges.
7. *M. Niaz Asadullah, Antonio Savoia, Wahiduddin Mahmud:* Paths to development. Is there a Bangladesh surprise?
8. *Tomas Havranek, Zuzana Irsova:* Estimating Vertical Spillovers from FDI: Why Results Vary and What the True Effect Is.
    Tatsufumi Yamagata: The Garment Industry in Cambodia: Its Role in Poverty Reduction through Export-Oriented Development.
    Beata Smarzynska Javorcik: Does Foreign Direct Investment Increase the Productivity of Domestic Firms? In Search of Spillovers Through Backward Linkages.
    Jodie Keane, Dirk Willem te Velde: The role of textile and clothing industries in growth and development strategies.
9. Telefoninterview mit Mushfiq Mobarak.
10. Cleanclothes.org/transparency

11. Mailverkehr mit Chikako Oka.

12. *Ann E. Harrison, Jason Scorse:* Multinationals and Anti-Sweatshop Activism.

13. *Birgit Marschall:* Kik fordert Menschenrechts-Gesetz für Lieferketten. (RP Online)

14. Antrag Sozialverantwortungsgesetz, eingebracht am 5.7.2018. (parlament.gv.at)

15. Telefoninterview mit Öpula-Chef Kurt Wilhelm.

16. *Maximilian Wagner:* Untersuchung der Flüsse und Lager von Textilien in Österreich.

17. Enigma of the Leader. *Michael Durham,* The Guardian.

18. Ehemalige Mitarbeiter werfen der Firma Humana Ausbeutung vor. Die Bundesregierung hat jetzt reagiert. *Frank Nordhausen,* Berliner Zeitung.

19. *Tonia Kandiero:* Malawi in the Multilateral Trading System.

20. *Grath Frazer:* Used-Clothing Donations and Apparel Production in Africa.

21. WTO/Sheng Lu.

22. Interview mit dem Historiker Peter Eigner.

23. Daten: OECD, Multifactor productivity.

Kapitel 2: Wie Österreich reich wurde

24. *Charles Jones:* The Facts of Economic Growth. (Nur mit Zahlen zu Deutschland, die ich für Österreich übernommen habe.)

25. *Mancur Olson, Jr.:* Big Bills Left on the Sidewalk. Why Some Nations are Rich, and Others Poor.

26. *Jeffrey Sachs:* The End of Poverty. Penguin Books 2005.

27. World Values Survey.

28. *Jonathan Eaton, Samuel Kortum:* International Technology Diffusion: Theory and Measurement.

29. *Amartya Sen:* Development As Freedom. Oxford University Press 1999.

30. *John Maynard Keynes:* Economic Possibilities for our Grandchildren.

31. *Robert Allen:* The Industrial Revolution in Miniature: The Spinning Jenny in Britain, France, and India.

32. Encyclopaedia Britannica (online).

33. *William Easterly:* The Tyranny of Experts. Basic Books 2013.

34. *E.A. Wrigley:* Energy and the English Industrial Revolution.

35. *Easterly:* The Tyranny of Experts.

36. Zitat von Immanuel Kant nach Uni Münster: »Einführung in die Frühe Neuzeit«.

37. *Gregory Clark:* Review Essay. The Enlightened Economy. An Economic History of Britain, 1700–1850 by Joel Mokyr.

38. *Daron Acemoğlu, Simon Johnson, James Robinson:* The Rise of Europe: Atlantic Trade, Institutional Change and Economic Growth.

39. *Patrick O'Brien:* The nature and historical evolution of an exceptional fiscal state and its possible significance for the precocious commercialization and industrialization of the British economy from Cromwell to Nelson.
     Mark Dincecco: The Rise of Effective States in Europe.

40. *Jaume Ventura, Hans-Joachim Voth:* Debt Into Growth: How Sovereign Debt Accelerated the First Industrial Revolution.

41. *Joel Mokyr:* The Institutional Origins of the Industrial Revolution.

42. *Avner Greif* and *Guido Tabellini* haben sich in »Cultural and Institutional Bifurcation: China and Europe Compared« auch damit beschäftigt.

43. *Douglass C.North* hat das Themenfeld Kooperation in seiner Nobelpreis-Ansprache »Economic Performance through Time« (1993) behandelt.

44. Daten: Weltbank.

45. *Morgan Kelly, Joel Mokyr, Cormac Ó Gráda:* Precocious Albion. A New Interpretation of the British Industrial Revolution.

46. *Gregory Clark:* The Industrial Revolution.

47. *Robert Allen:* The British Industrial Revolution in Global Perspective: How Commerce Created the Industrial Revolution and Modern Economic Growth.

48. *Gregory Clark:* The Industrial Revolution.

49. Ebenda.

50. Basiert auf selbst geführten Interviews mit Franz Eigner und Franz Mathis.

51. *Claudia Ham:* Die Gründung der K. K. privilegierten Pottendorfer Garn-manufaktur.

52. Interview mit Franz Eigner.

53. *Kevin O'Rourke, Ronald Findlay:* Power and Plenty. Trade, War, and the World Economy in the Second Millennium, Princeton University Press 2007.

54. Basiert auf selbst geführten Interviews mit Felix Butschek.

55. Daten: Maddison Project Database.

56. *Marcus Scheiblecker:* 100 Jahre Republik Österreich: Eine wirtschaftliche Erfolgsgeschichte mit Startproblemen.

57. Wirtschaftskammer Österreich: Die chinesische Wirtschaft (WKO Statistik).

58. *Robert Allen:* Progress and Poverty in Early Modern Europe.

59. *Karl Marx:* Die Metaphysik der politischen Ökonomie. In: Das Elend der Philosophie.

60. *Gavin Wright:* Slavery and Anglo-American Capitalism Revisited.

61. *Joseph E. Inikori:* Africans and the Industrial Revolution in England.

62. *Patrick O'Brien:* European Economic Development. The Contribution of the Periphery.

63. *Jan De Vries:* The Industrious Revolution. Austausch via Mail.

64. *Kevin O'Rourke,* Ronald Findlay: Power and Plenty.

65. *Kevin O'Rourke,* Ronald Findlay: Power and Plenty.

66. Franz Mathis im Interview.

67. Charles Kenny per Mail; Maddison Project Database.

Kapitel 3: Warum es noch immer extreme Armut gibt

68. Auskunft per Mail von Robert Boyd.

69. *Michelle A. Kline, Robert Boyd:* Population size predicts technological complexity in Oceania.

70. *Dietrich Vollrath:* Technology and Scale. (growthecon.com, 8.4.2014)

71. *Carles I. Jones, Paul M. Romer:* The New Kaldor Facts. Ideas, Institutions, Population, and Human Capital.

72. *Michael Kremer:* Population Growth and Technological Change. One Million B.C. to 1990.

73. *Nathan Nunn:* The Importance of History for Economic Development.

74. *Jeffrey Herbst:* States and Power in Africa. Princeton University Press 2000/2014.

75. *Enrico Spolaore, Romain Wacziarg:* How Deep Are The Roots of Economic Development?

76. *Jared Diamond:* Arm und Reich. Fischer 2006.

77. *Quamrul Ashraf, Oded Galor:* Dynamics and Stagnation in the Malthusian Epoch.
   Enrico Spolaore, Romain Wacziarg: How Deep Are The Roots of Economic Development?
   Ola Olsson, Douglas A. Hibbs Jr.: Biogeography and long-run economic development.
   Jamie Bologna Pavlik, Andre T. Young: Did Technology Transfer More Rapidly East-West than North-South?

78. *Oana Borcan, Ola Olsson, Louis Putterman:* Transition to Agriculture and First State Presence: A Global Analysis.

79. Ebenda.

80. Austausch mit Louis Putterman per Mail.

81. *Valerie Bockstette, Areendam Chanda, Louis Putterman:* States and Markets. The Advantage of an Early Start.

82. *Oana Borcan, Ola Olsson, Louis Putterman:* State History and Economic Development. Evidence from Six Millennia.

83. *Daron Acemoğlu, James Robinson:* Why Is Africa Poor?

84. *Stelios Michalopoulos, Elias Papaioannou:* Historical Legacies and African Development.

85. Ebenda.

86. *Daron Acemoğlu, James A. Robinson:* Why Nations Fail. The Origins of Power, Prosperity, and Poverty, Profile Books 2012.

87. These von Eric Jones, zitiert nach *Kevin O'Rourke, Ronald Findlay:* Power and Plenty.

88.   *Marcella Alsan:* The Effect of the Tsetse Fly on African Development.

89.   *John Luke Gallup, Jeffrey D. Sachs:* The Economic Burden of Malaria. Our World in Data

90.   *Jared Diamond:* Arm und Reich.

91.   *Daron Acemoğlu, James Robinson:* Why Is Africa Poor?

92.   *Diego Comin, William Easterly, Erick Gong:* Was The Wealth of Nations Determined in 1000 B.C.?

93.   Geography is Kinda-Sorta Destiny: *Dietrich Vollrath,* growthecon.com, 4.2.2015.

94.   *Nathan Nunn:* The long-term effects of Africa's slave trades.

95.   Ebenda.

96.   Ebenda.

97.   *Nathan Nunn, Leonard Wantchekon:* The Slave Trade and the Origins of Mistrust in Africa.

98.   *Jürgen Osterhammel:* Kolonialismus. C. H. Beck 2017.

99.   *Daron Acemoğlu, James A. Robinson:* Why Nations Fail.

100. *Kenneth L. Sokoloff, Stanley L. Engerman:* Institutions, Factor Endowments, and Paths of Development in the New World.

101. *Nick Robins:* The Corporation that Changed the World. How The East India Company Shaped the Modern Multinational.

102. *Jeffrey Herbst:* States and Power in Africa.

103. *Stelios Michalopoulos, Elias Papaioannou:* Historical Legacies and African Development.

104. Ebenda.

105. *Paul Collier:* The Bottom Billion. Why the Poorest Countries are Failing and What Can Be Done About It, Oxford University Press 2008.

106. *Ricard Dowden:* Africa. Altered States, Ordinary Miracles.

107. *Alberto Alesina, Arnaud Devleeschauwer, William Easterly, Sergio Kurlat, Romain Wacziarg:* Fractionalization.

108. *Jeffrey Herbst:* States and Power in Africa.

109. *Daron Acemoğlu, James Robinson:* Why Is Africa Poor?

110. *Chris Blattman:* Political development & policy, Lecture 4.

111. Telefoninterview mit Augustin Fosu am 1. August 2019.

112. *Divyanshu Wadhwa:* The number of extremely poor people continues to rise in Sub-Saharan Africa. (blogs.worldbank.org, 19.9.2018)

113. *Fritz Breuss:* 100 Jahre österreichische Wirtschaft.

114. *Xinshen Diao, Kenneth Harttgen, Margaret McMillan:* The Changing Structure of Africa's Economies.

115. *Emilie Filou:* Madagascar has become a business outsourcing hotspot, thanks to its super-fast internet. (qz.com, 10. 1. 2019)

116. *Robert H. Bates, John H. Coatsworth, Jeffrey G. Williamson:* Lost Decades. Postindependence Performance in Latin America and Africa.

Kapitel 4: Fast alles auf der Welt wird immer besser

117. Gapminder.org, Our World in Data, Weltbank.

118. Die Idee habe ich vom Podcast »Planet Money«, den ihr übrigens unbedingt alle hören solltet. Die Hosts der Sendung haben eine Folge zum Thema mit Max Roser aufgenommen.

119. Daten: Weltbank.

120. *Martin Ravallion:* Are the World's Poorest Being Left Behind?

121. *Hans Rosling:* Factfulness. Wie wir lernen, die Welt so zu sehen, wie sie wirklich ist.

122. *Lucy Page, Rohini Pande:* Ending Global Poverty: Why Money Isn't Enough.

123. *Charles Kenny:* Getting Better. Why Global Development Is Succeeding – And How We Can Improve the World Even More.

124. Daten: Our World In Data / Polity IV Data.

125. Our World in Data.

126. *Abhijit V. Banerjee, Esther Duflo:* Poor Economics. Plädoyer für ein neues Verständnis von Armut, Knaus 2012.

127. Our World in Data.

Kapitel 5: Politik rettet die Welt

128. *J. Sachs:* The End of Poverty.

129. *Peter Singer:* The Drowning Child and the Expanding Circle. (New Internationalist, April 1997)

130. *Axel Dreher, Vera Eichenauer, Kai Gehring, Sarah Langlotz, Steffen Lohmann:* Does foreign aid affect growth?
    William Easterly: Can Foreign Aid Buy Growth?
    Nancy Qian: Making Progress on Foreign Aid.
    Hristos Doucouliagos: The Politics of International Aid.

131. *Raghuram G. Rajan, Arvind Subramanian:* Aid, Dutch Disease, and Manufacturing Growth.

132. *Simeon Djankov, Jose G. Montalvo, Marta Reynal-Querol:* The curse of aid.

133. *Jakob Scensson:* Foreign Aid and Rent-Seeking.

134. Daten: Freedom House Reports.

135. *Paul Collier:* The Bottom Billion.

136. *Paul Glewe, Michael Kremer, Sylvie Moulin:* Many Children Left Behind? Textbooks And Test Scores In Kenya.

137. *Diether W. Beuermann, Julian P. Cristia, Yyannu Cruz-Aguayo, Santiago Cueto, Ofer Malamud:* Home Computers And Child Outcomes. Short-Term Impacts From A Randomized Experiment in Peru.

138. *Joppe de Ree, Karthik Muralidharan, Menno Pradhan, Halsey Rogers:* Double For Nothing? Experimental Evidence On The Impact Of An Unconditional Teacher Salary Increase On Student Performance In Indonesia.

139. *Robert Jensen:* The (Perceived) Returns To Education And The Demand For Schooling.

140. J-PAL: Teaching at the right level to improve learning. (Povertyactionlab.org)

141. *David Evans, Michael Kremer, Mūthoni Ngatia:* The Impact of Distributing School Uniforms on Children's Education in Kenya.

142. *Edward Miguel, Michael Kremer:* Worms. Identifying Impacts On Education And Health In The Presence Of Treamt Externalities.

143. *Paul Romer:* Botox for Development. (paulromer.net, 13.9.2015)

144. Angaben Außenministerium 23.8.2019, Beiträge Schweden: Gerald Knaus, ESI.

145. *Tax Justice Network:* Africa subsidises the rest of the world by over $ 40 billion in one year, according to new research. (taxjustice.net, 24. 5. 2017)

146. Der Standard: Schweiz zahlt Nigeria 321 Millionen Dollar von Ex-Diktator Abaja zurück. (derstandard.at, 5.12.2017)

147. *Peter Reuter:* Draining Development? Controlling Flows of Illicit Funds from Developing Countries.

148. *Niels Johannesen, Thomas Torslov, Ludvig Wier:* Are less developed countries more exposed to multinational tax avoidance? Method and evidence from micro-data.

149. *Lant Pritchett:* Alleviating Global Poverty. Labor Mobility, Direct Assistance, and Economic Growth.

150. *Vincenzo Bove, Leandro Elia:* Migration, Diversity, and Economic Growth.

151. *Alberto Alesina, Johann Harnoss, Hillel Rapoport:* Birthplace Diversity and Economic Prosperity.

152. *Michael A. Clemens:* Economics and Emigration. Trillion-Dollar Bills on the Sidewalk?

153. *Fréderic Docquier, Hillel Rapoport:* Gobalization, Brain Drain und Development. Hein de Haas: The Migration and Development Pendulum. A Critical View on Research and Policy.

154. *Rajat Kathuria:* The Role of Diaspora in Indian IT.

155. *Hein de Haas:* The Migration and Development Pendulum. A Critical View on Research and Policy.

156. *Michael Clemens:* Think Development in Poor Countries Will Reduce Migration? The Numbers Say Otherwise.

157. Win-Win für Kosovo und Deutschland. (cimonline.de)
Nachhaltig ausgerichtete Gewinnung von Pflegekräften – Triple Win. (giz.de)
Perspektiven für die Jugend im Kosovo schaffen. (giz.de)

158. *Oxfam:* Taking A Fresh Approach. An Oxfam Case Study. (Juni 2018)

159. *Alan Matthews, Luca Salvatici, Margherita Scoppola:* Trade Impacts of Agricultural Support in the EU.

160. Austausch per Mail.

161. Daten: Eurostat.

Kapitel 6: So mache ich im Alltag einen Unterschied

162. Telefoninterview mit Edwini Kessie (Ghana) von der WTO.

163. *Dean Karlan, Jacob Appel:* More than good Intentions.

164. Spenden – aber richtig. (phineo.org), Österreichisches Spendengütesiegel. (osgs.at), Top Charities. (givewell.org)

165. WHO Guideline: Vitamin A supplementation in infants and children 6–59 months of age. (who.int, 2011)

166. IPA: No Lean Season. Encouraging Seasonal Migration to Address Income Insecurity. Policy Brief, Evidence Action, Yale.

167. Evidence Action's No Lean Season.

168. Evidence Action's Deworm the World Initiative.

169. *Daron Acemoğlu:* The Logic of Effective Altruism.

170. *Carlos Oya, Florian Schaefer, Dafni Skalidou, Catherine McCosker, Laurenz Lange:* Effectiveness of agricultural certification schemes for improving socio-economic outcomes in low- and middle-income countries.

171. Auskunft von Fairtrade via Mail.

172. *Kimberly Ann Elliott:* Is My Fair Trade Coffee Really Fair? Trends and Challenges in Fair Trade Certification.

173. givedirectly.org

174. *Johannes Haushofer, Jeremy Shapiro:* The Short-Term Impact Of Unconditional Cash Transfers To The Poor. Experimental Evidence From Kenya.

175. *Abhijit V. Banerjee, Rema Hanna, Gabriel E. Kreindler, Benjamin A. Olken:* Debunking the Stereotype of the Lazy Welfare Recipient. Evidence from Cash Transfer Programs.

176. *David K. Evans, Anna Popova:* Cash Transfers and Temptation Goods. A Review of Global Evidence.

177. *Abhijit Banerjee, Paul Niehaus, Tavneet Suri:* Universal Basic Income in the Developing World.

178. *Abhijit Banerjee, Esther Duflo:* Poor Economics.

179. *Craig McIntosh, Andrew Zeitlin:* Lessons from a cash benchmarking evaluation. Authors' version.

180. *Chris Blattman, Paul Niehaus:* Show Them the Money. Why Giving Cash Helps Alleviate Poverty. (Foreign Affairs, Mai 2014)

181. *Abhijit V. Banerjee, Paul Niehaus, Tavneet Suri:* Universal Basic Income in the Developing World.

182. *Abhijit V. Banerjee:* Microcredit Under the Microscope: What Have We Learned in the Past Two Decades, and What Do We Need to Know?

183. Ebenda.

184. *Maren Duvendack, Richard Palmer-Jones, James G. Copestake, Lee Hooper, Yoon Loke, Nitya Rao:* What is the evidence of the impact of microfinance on the well-being of poor people?

185. *Poverty Action Lab:* Microcredit doesn't live up to promise of transforming lives of the poor, 6 studies show. (povertyactionlab.org, 22.2.3015)

186. *Bruno Crépon, Florencia Devoto, Esther Duflo, William Parienté:* Estimating the Impact of Microcredit on Those Who Take It Up. Evidence from a Randomized Experiment in Morocco.
Alessandro Tarozzi, Jaikishan Desai, Kristin Johnson: The Impacts of Microcredit. Evidence from Ethiopia.

187. *David Roodman:* Think Again. Microfinance. (Foreign Policy, 1. 2. 2012)

188. J-PAL: Microcredit doesn't live up to promise of transforming lives of the poor, 6 studies show. (povertyactionlab.org, 22. 1. 2015)

189. *World Bank:* 20 Reasons Sustainable Tourism counts for Development.

190. *Tun Lin, Franklin D. de Guzman:* Tourism for Pro-Poor and Sustainable Growth. Economic Analysis of Tourism.

191. *Matteo Natalucci:* Economic and Ethical Implications of Pro Poor Tourism.

192. *Nathanael Luvanga, Joseph Shitundu:* The Role of Tourism in Poverty Alleviation in Tanzania.

193. *Benjamin Faber, Cecile Gaubert:* Tourism And Economic Development. Evidence From Mexico's Coastline.

194. *Ramesh Durbarry:* Tourism and economic growth: the case of Mauritius.

195. *World Bank:* 20 Reasons Sustainable Tourism Counts for Development.

Kapitel 7: Der Kampf gegen die Klimakrise ist zentral

196. *Novo Nrodisk:* Changing Diabetes in Bangladesh. The Blueprint for Change Programme.

197. *Timothy M. Lenton, Hermann Held, Elmar Kriegler, Jim W. Hall, Wolfgang Lucht, Stefan Rahmstorf, Hans Joachim Schellnhuber:* Tipping elements in the Earth's climate system.

198. UNEP: Emissions Gap Report 2018. Executive Summary.

199. Eine Schätzung beläuft sich auf 200 Mio. Klimaflüchtlinge bis 2050, die ist aber umstritten. Vgl. Oli Brown (IOM): Migration and Climate Change.

200. *V. Ramanathan, M. L. Molina, D. Zaelke:* Well Under 2 Degrees Celsius. Fast Action Policies to Protect People and the Planet from Extreme Climate Change.

201. *Gernot Wagner, Martin L. Weitzman:* Klimaschock. Die extremen wirtschaftlichen Konsequenzen des Klimawandels, ueberreuter 2016.

202. *Verkehrsclub Österreich:* Jeder dritte Österreicher fliegt nie – jeder sechste fliegt mehrmals im Jahr. (vcoe.at, 6.7.2017)

203. *Zeke Hausfather:* Analysis. Why the IPCC 1.5C report expanded the carbon budget. (carbonbrief.org)

204. *Martin Schaefer:* Forecast of Air Traffic's CO2 and NOx Emissions until 2030.

205. umweltbundesamt.at

206. Die Presse: Ticketsteuer wird bis 2018 halbiert. (diepresse.com, 18.11.2016).

207. Stiftung Warentest: CO_2-Kompensation 03/2018. (test.de)

208. Allocation to aviation. Emissions Trading System (EU ETS). (ec.europa.eu)

209. *Joseph Poore, T. Nemecek:* Recycling food's environmental impacts through producers and consumers.

210. *Stefan Schleicher, Karl Steininger:* Wirtschaft stärken und Klimaziele erreichen. Wege zu einem nahezu treibhausgas-emissionsfreien Österreich.

211. EAT (Lancet Commission on healthy diets from sustainable food systems): Food in the Anthropocene.

212. OECD: The Role of Agriculture in Global GHG Mitigation.

213. *World Resources Report:* Creating a Sustainable Food Future.

214. *Gernot Wagner:* Going Green but Getting Nowhere. (NY Times, 7.9.2011)

215. *B. Latane, J.M. Darley:* Group inhibition of bystander intervention in emergencies.

216. *Gordon T. Kraft-Todd, Bryan Bollinger, Kenneth Gillingham, Stefan Lamp, David G. Rand:* Credibility-enhancing displays promote the provision of non-normative public goods.

217. *Bryan Bollinger, Kenneth Gillingham:* Peer Effects in the Diffusion of Solar Photovoltaic Panels.

218. *Gernot Wagner, Richard J. Zeckhauser:* Climate policy. hard problem, soft thinking.

219. *Timothy D. Wilson:* We Are What We Do. (Psychology Today, 17.1.2012)

220. Dazu das Youtube-Video »Psychology for a better world« ansehen.

221. *Thomas Sterner, Gunnar Köhlin:* Pricing Carbon. The Challenges.

222. *Umweltbundesamt:* Verkehr beeinflusst das Klima.

223. *Claudia Kettner-Marx, Daniela Kletzan-Slamanig, Mathias Kirchner, Mark Sommer, Kurt Kratena, Stefan E. Weishaar, Irene Burgers:* CATs – Carbon Taxes in Austria. Implementation Issues and Impacts.

224. *World Bank:* Carbon Pricing Dashboard.

225. *Claudia Kettner-Marx, Daniela Kletzan-Slamanig:* Energy and Carbon Taxes in the EU. Empirical Evidence with Focus on the Transport Sector.

226. Wall Street Journal: Economist's Statement on Carbon Dividends. Markets Insider: CO_2-Emissionsrechte. (markets.businessinsider.com)

227. *Samuel Randalls:* History of the 2 °C climate target.

228. *Andreas Sator:* Ein US-Forscher will fürs Klima Fürze von Rindern neutralisieren – und hat Erfolg (derstandard.at, 2.6.2019).

229. *David Wallce-Wells:* The Uninhabitable Earth.

Kapitel 8: Und jetzt?

230. World Poverty Clock, Schätzung.

231. *Paul Collier:* The Bottom Billion.

232. *Barry Naughton:* China's Distinctive System. Can It Be a Model for Others?

233. *Stefan Dercon:* Aid In Messy Countries.

234. Schätzungen; Weltbank, World Poverty Clock

235. Schätzungen; National Oceanic and Atmospheric Administration

Danksagung

Danke, Vivi, für deine Unterstützung und dein Verständnis in einer mehr als anstrengenden Zeit.

Danke an Dario Sidhu, der mir die ganze Recherche lang mit Hinweisen zur Seite stand. Ohne dich wäre dieses Buch nicht einmal halb so gut.

Danke an Romana, die das Buch als Erste ganz gelesen und kommentiert hat. Du bist ein Schatz.

Danke für zahlreiche Anmerkungen zu Rohversionen von Kapiteln an András Szigetvari, Stefan Binder, Benedikt Narodoslawsky, Mario Holzner, Christoph Chorherr, Tom Schaffer und Anna Goldenberg. Danke an Stefan Schleicher, der sich sehr viel Zeit für mich genommen hat. Danke für viele Hinweise während der Recherche an Jesus Crespo Cuaresma, Konstantin Wacker und Harald Oberhofer.

Danke an Paul Maercker, der dieses Buch sorgfältig lektoriert hat.

Danke an Andreas Schnauder, der Vertrauen in mich hatte und mir ermöglichte, im »Standard« eine Serie zum Thema des Buchs zu schreiben.

Danke an Daniela Rom, die die Idee für den Titel der Standard-Serie »Alles gut?« hatte, der dann schließlich auch zum Buchtitel wurde.